CHARLES FERDINAND RAMUZ

RECUERDOS DE ÍGOR STRAVINSKY

Muñoz Moya Editores

Sarrión

Con la ayuda de:

[loːrən]

Casa de Traductores Looren

Colección: Narrativa
RECUERDOS DE ÍGOR STRAVINSKY
© Charles Ferdinand Ramuz
 Muñoz Moya Editores
Carretera Sagunto-Burgos, km. 81,4
44460 Sarrión
e.mail: editorial@mmoya.eu
web: www.mmoya.eu
© de la presente edición: Muñoz Moya Editores
Maquetación: Javier Labrador Moya
 I.S.B.N: 978-84-8010-367-1
D.L: TE 229-2025

CHARLES FERDINAND RAMUZ

RECUERDOS DE ÍGOR STRAVINSKY

I

Si no recuerdo mal, conocí a Stravinsky en el otoño de 1915, es decir justo cuando se había terminado la vendimia en la aldea del Treytorrens[1] donde yo vivía en aquel entonces. Se encuentra entre Cully y Rivaz, a la orilla del lago, es un conjunto de tres o cuatro grandes casas blancas que son las de los propietarios de los viñedos; además, hay, muy cerca de estas, otras tres o cuatro casas sin pintar y de una sola planta, que son las casas de los viticultores. He estado viviendo en la mitad de la más grande de esas casas de propietarios, la más cercana al agua también; y es allí donde me le trajo Ansermet, viniendo de Montreux[2], donde él mismo dirigía entonces la orquesta del Kursaal. De Montreux al Treytorrens, no hay más de quince kilómetros a lo largo de los que la vía de tren sigue la orilla del lago, esforzándose incluso, en algunos tramos, en amoldarse tanto a ella que delante de mi casa pasaba por un dique; y la vía de tren no ha cambiado de sitio, pero las locomotoras, en aquellos tiempos (digo esto para los más jóvenes y para recalcar también el paso del tiempo) funcionaban aún a vapor. Era la época en que los viñedos de Lavaux[3] se empenachaban todavía durante todo el día con espesas humaredas blancas o negras, o grises, o abigarradas, que luego se veían arrastrándose a ras de las cepas y de muro en muro, subien-

---

[1] Ciudad del cantón de Vaud, a orillas del lago Lemán.
[2] Montreux ciudad del cantón suizo de Vaud, a orillas del lago Lemán y conocida por su festival de jazz.
[3] Los viñedos de Lavaux están situados en el cantón suizo de Vaud. Fueron construidos por los cistercienses hace más de 800 años. Están distribuidos en terrazas que se extienden por la ribera norte del lago Lemán.

do o bajando la pendiente (según el viento), a veces en la parte baja del viñedo, otras en la parte alta (donde había una segunda línea que la gente llamaba "la línea de arriba"). Para venir a verme, estos señores cogieron la línea de abajo; vinieron por donde sale el sol. No sabía nada aún acerca de Stravinsky, o casi nada. Solamente sabía que Ansermet le consideraba un "gran músico", y yo sabía que era ruso; sabía que era el autor, entre otras obras, de un ballet que empezaba (todo en arte es incoativo) a ser famoso: se trataba de *Petrouchka*; sabía también que circunstancias familiares muy urgentes le habían impelido a establecerse, un año o dos antes, en uno de nuestros complejos de montaña de donde acababa apenas de volver: esto en lo relativo a las circunstancias exteriores; lo ignoraba todo de su persona. Ansermet (ya lo he dicho) estaba mucho mejor informado que yo. Ansermet profesaba al que ya era, sin yo saberlo, el autor de *El pájaro de fuego* y *La consagración de la primavera*, una admiración de técnico fuertemente motivada, y que acababa precisamente de motivar en un artículo de revista, asignando ya, desde aquellos tiempos, su verdadero lugar a la música de Stravinsky, es decir el primero dentro de la producción contemporánea, opinión que muchos críticos han respaldado desde entonces, aunque muy posteriormente. Desgraciadamente, yo era todo lo contrario de un hombre bien informado; buenamente, como cualquier viticultor (quiero decir, como un viticultor sin viñedos, pero feliz de seguir la costumbre que consiste, en el viñedo, una vez terminada la vendimia, en invitar a todos los conocidos, dándoles a catar el vino joven) – fui a la estación de Epesses hacia las tres de la tarde. Urgen menos las tareas en esta estación del año; en verdad, no urgen nada; todo el mundo dispone del ocio necesario para recibir a los amigos como Dios manda; se les conduce entonces a la bodega donde se oyen voces cantarinas dentro de las grandes cubas; de estas se extrae una especie de líquido turbio de fuerte olor con el que se llenan unos vasitos que se ofrecen a los visitantes, luego se llenan una vez más, y luego otra más, sin mediar palabra (en eso consiste el rito; y es solo a partir de la cuarta o quinta toma, que uno se decide a preguntarles: "Y bien, ¿qué os parece?" Aunque, en lo que a mí respecta, no tuviese yo ninguna cuba, ni ninguna vendimia, es en la época de las cosechas y en calidad de viticultor sin embargo, que fui a la estación de Epesses, donde solamente los más ómnibus de los trenes ómnibus consienten en pararse; y es de uno de esos trenes que, durante la guerra, se apearon primero el joven alto de hermosa barba negra que bien conocemos, luego un hombre más pequeño, sin barba – frente a la empinada pendiente del viñedo y a sus muros escalonados, frente a la pequeña fábrica de polvo de hueso y al doble tramo de escaleras que hay que subir para alcanzar la carretera llamada de la "Cornisa" (término de hosteleros y turístico que poco me gusta). Un joven alto con barba negra, y luego un hombrecito (o un hombre más bajo que el primero): esos son mis únicos recuerdos. Sería interesante que alguien tratase de escribir alguna vez con toda sinceridad sus "memorias"; se vería entonces, a pesar de la similitud de los nombres, que la memoria del autor juega, la mayor parte de las veces, únicamente un papel secundario. Incluso el esfuerzo que se hace para recordar los objetos o los acontecimientos que entretendrán al lector, conduce necesariamente, sin que el autor se percate de ello, a inventar desde cero. Una perfecta sinceridad debería aceptar en determinados momentos, en lo concerniente al texto, introducir un número infinito de puntos suspensivos; supondría, en la materia misma de la memoria, esta materia constantemente huidiza, móvil y vagamente imprecisa, aceptar que hubiese un número no menos importante de olvidos, como si la nublaran humaredas, como cuando hay niebla en los viñedos, como cuando en los días calurosos los vapores que emanan del lago solo dejan ver a través de sus rasgaduras. Cuando quiero acordarme de Stravinsky, veo a muchos Stravinskys (en plural), pero no al que debería ocupar su sitio aquí, entre otros muchos. No recuerdo en absoluto lo que pude decirle, ni lo que pudo decirme él; solo recuerdo que hacía un tiempo gris, pero suave y aún cálido, y que el cielo era otoñal, a la vez velado y luminoso. La fina piel de bruma que se extendía sobre la bóveda celeste no impedía que esta fuera visible, como si se hubiese pegado papel de cera en su cristal, a través del cual el sol, que era imposible de localizar, brillaba. Las viñas perdían sus últimas hojas; por todas partes la tierra volvía de nuevo a asomar entre las cepas, por todas partes los muros volvían de nuevo a verse. El viñedo nunca es tan bello como cuando la vid, como vegetal y debido también a su vegetación, solo ocupa un lugar accesorio, y esto ocurre a finales de otoño, en invierno y a comienzos de primavera; es decir, después y antes de que una vegetación demasiado abundante y uniforme (a pesar de los sulfatos) haya tapado la arquitectura del terreno; y que la obra de la naturaleza se haya superpuesto a la del hombre. De paso, señalo que los "naturistas" que se dice que somos, nosotros los vaudeses, deberían sentirse un poco en lugar extraño, si pretendieran en serio merecer ese nombre en la tierra de Lavaux que es la negación misma de la naturaleza en todos los aspectos. No solamente esta tierra de Lavaux ha sido enteramente alzada por la mano del hombre, sino también lo han sido sus cultivos, que se lo deben todo al hombre. Si lo consideramos bien, nada es menos "natural" que una vid, de la que no basta decir que, desde su origen, ha sido modificada por el hombre, sino que habría que añadir que es modificada continuamente por todo tipo de intervenciones humanas, tales como injertos, talas, desmoches y deshojaduras. La naturaleza solo se manifiesta plenamente en el viñedo por la producción final (por otra parte, controlada y corregida sin parar) de hojas y de racimos; de manera que cuando las hojas ya no están ahí o cuando aún no están (se me permitirá esta paradoja que no es más que una media paradoja), es cuando esta tierra me parece plenamente realizada. Lo que hay de hermoso, es su ritmo, el ritmo de sus movimientos, su arquitectura, su relieve; y el hombre no es el autor, claro está, pero todos sus esfuerzos a lo largo de los siglos han consistido en conseguir fijarlos, precisarlos, acentuarlos, organizarlos, mientras que la vegetación los enmascara; esta tierra solo es plenamente ella misma cuando está desnuda. El día que llegó Stravinsky, bajo un cielo color de piedra clara, volvía a ser ella también de piedra y de tierra, con sus maravillosos movimientos hacia adelante y hacia atrás, sus abombamientos, sus protuberancias, como los de un gran cuerpo en acción hasta en la inmovilidad; además, las pocas hojas que quedaban en la vid estaban marchitas, quemadas por la enfermedad, o teñidas por el otoño, de rojo, de un precioso color amarillo canario y amarillo naranjado; lo que ponía en el paisaje muchas manchitas de color un poco anecdóticas pero vivas; y estaba contento de que esta tierra hubiera vuelto a la vida para recibir y acoger a quien fue (que lo era por adelantado) uno de sus mejores amigos. No recuerdo en absoluto si Stravinsky llevaba aquel día (a veces lo tiene, a veces no) el pequeño indicio de bigote debajo de la nariz, que le hace parecerse a Pedro el Grande (personaje que no le gusta; tiene una cara hecha a grandes rasgos, con una nariz grande, a la que le iría muy bien una peluca); lo único que recuerdo (sigo intentando ser sincero) es que fuimos a merendar o, para decirlo como se dice por aquí, a "faire les quatre heures" (picar algo a las cuatro de la tarde), a la Crochettaz. Habíamos subido los dos tramos de escaleras. Habíamos pasado junto a la pequeña fábrica de polvo de hueso. Habíamos atravesado varios cuadros de Cézanne, lo que no había pasado desapercibido a Stravinsky, admirador del pintor. Habíamos girado luego para entrar en el pueblo de Epesses y tomar la carretera de montaña; y por fin llegamos a aquel pequeño café rosa que solo se descubre cuando se está delante, de lo muy pegado que está a la pendiente, de lo muy encastrado que está en la pendiente, lo que le reduce a una fachada baja que linda estrechamente con la carretera que a su vez está estrechamente encajada y estrechamente ceñida entre la cuesta ascendente y la cuesta descendiente. Allí fue donde empezamos a congeniar. Más exactamente, fue en la terraza que prolonga el café por el lado del poniente, en la parte alta del gran muro, bajo los plátanos podados a la horizontal; sentados a una de esas mesas de madera pintadas de verde; – es decir, en medio y delante de un paisaje ya totalmente meridional, que es a la vez el paisaje vaudés por excelencia y el de las orillas del Ródano. Y el medio litro de Dézaley que nos trajeron después, no hacía más que confirmárnoslo, debido a su buqué y a su color, por si eventualmente hubiésemos tenido, como algunos, la torpeza de no percatarnos de ello enseguida. Empezamos a conocernos delante de las cosas y por las cosas. De nuevo, no recuerdo en absoluto el tema de nuestra conversación: lo que recuerdo muy bien, sin embargo, es que congeniamos perfectamente desde el primer momento en que compartimos el pan y el vino de nuestra tierra. Pude ver enseguida, Stravinsky, que a usted le gustaba como a mí, el pan cuando es bueno, el vino cuando es bueno, el vino y el pan juntos, uno para el otro, el uno por el otro. Aquí empieza su persona y a la vez empieza su arte; es decir, todo usted; me abrí camino hacia ese conocimiento llamado interior, por el más exterior, el más terrestre de los caminos. No hubo ninguna discusión "artística" o "estética", si recuerdo bien; pero recuerdo su sonrisa ante el vaso lleno, el pan que trajeron, ante la botella de vino federativa[4]. Le recuerdo cogiendo su cuchillo, y el gesto limpio, decisivo, que hacía para separar la corteza de la apetecible pasta semidura del queso. Congenié con usted en y por la clase de placer que le veía tomar en las cosas, en las más "humildes", como dicen, y, en cualquier caso, más elementales; hemos coincidido primeramente en una determinada especie y una determinada calidad de delectación, en la que todo el ser se implica. Me gusta el cuerpo, usted lo sabe, porque no lo separo en absoluto del alma; me gusta ante todo la hermosa unidad que existe en su participación total en una determinada operación en la que lo abstracto y lo concreto se encuentran conciliados, se explican, se vuelven mutuamente inteligibles. Para muchas señoritas, un músico se resume a una frente

---

[4] Relativa a la Federación suiza.

11

enorme con muchas "ideas" dentro (¡Solo Dios sabe cuáles!): usted me hizo comprender de inmediato que el músico que inventa un sonido no es precisamente un especialista, y que lo extrae de una sustancia viva, una sustancia común a todos, con la que él debe primero tomar contacto directamente, humanamente. Me convertía yo también en músico, y, sentados ante el pan y el vino, sentía cómo me iba aproximando a usted y a la música; el vino que tomábamos había sido producido y había adquirido su color entre esos muros que se precipitaban sobre nosotros en cascada y seguían bajando en cascada desde el otro lado de la carretera hasta el lago; el pan era un gran pan de campo de gruesa corteza que se había horneado una primera vez no lejos de donde estábamos, en la meseta. Me daba cuenta de que estas particularidades, y lo mucho que yo las apreciaba, no solamente no nos separaban, sino que iban más bien a contribuir a nuestra amistad; estos gustos compartidos iban a darme incluso acceso a una música que, para usted, según me parecía, estaba situada primero en una materia, en el objeto, y que después nacía interiormente, habiéndose introducido dentro de usted por todas las puertas del cuerpo: el tacto, el gusto, el olfato, la vista, por todos sus sentidos abiertos y dóciles, de forma que, de cierto modo, esta música no terminaba, tampoco empezaba, sino que nacía, podía nacer de todo, al no estar encerrada por adelantado en su propia definición. Sencillamente, lo que yo percibía en usted, era el amor por la vida y el sentido de la vida, el amor por todo lo que está vivo; y todo lo que está vivo era para usted, como de antemano y en potencia, música. Sus alimentos eran los míos. No sé muy bien por qué entonces (pues la relación no es inmediata) me acordé de una frase de

Nietzsche: *"Yo amo a aquel que quiere crear más allá de sí mismo y por eso perece"*; aquel que entonces amaba en usted (y que sigo amando en usted) era aquel que al contrario crea cosas por debajo de lo que él puede crear y *no perece*. Quiero decir (más o menos), el que extrae sus convicciones de un nivel inferior a lo que es él, se asegura de que son sólidas, y solo después *se adhiere* a ellas, si es capaz de hacerlo. Dicho de otra forma, hay que ser materialista (usted lo era), ¬y después volverse espiritualista, si se quiere o si se puede (y creo que usted pudo), pero no ser idealista de ninguna manera ni en ningún momento. Los artistas alemanes más mediocres (volviendo a Nietzsche) tienen cabeza de genio y manos como todo el mundo. Y no quiero decir que usted tenga una cabeza como todo el mundo, pero me gusta olvidar sus rasgos para ir a buscar más allá, dentro de usted, ese misterioso poder de creación que erróneamente se confunde con el pensamiento debido a que puede estar en todas partes (ese poder, o esos indicios), en la manera de andar, en la altura, en el ancho de hombros, en la manera de comportarse, en la forma de ser en acción, en la forma de ser en reposo. Usted no es muy alto, Stravinsky; usted no parece ser muy fuerte, al menos desde lejos. Sin embargo, usted es muy fuerte, secretamente, porque le importa serlo y que necesita serlo. Temprano por la mañana, durante tres cuartos de hora, salía a hacer sus ejercicios del "sistema Muller". Yo le contemplaba dentro de su cuerpo en la terraza de la Crochettaz, y en aquel tiempo usted representaba ya para mí lo que sigue representado para mí, quiero decir, esa cosa tan poco frecuente que es un hombre en el pleno sentido de la palabra; no un tipo social, ni el simple producto de un sistema de educación, ni un "artista", ni un especialista ni un especializado en lo que fuera: todo lo contrario de un especialista o de un especializado: un hombre y un hombre completo; es decir, un ser exquisito y a la vez un ser primitivo, alguien sensible a todas las complicaciones, pero también a lo elemental, capaz de las combinaciones mentales más complejas y a la vez de las reacciones más espontáneas y más directas; –como conviene, porque hay que ser a la vez un salvaje y una persona civilizada; no hay que ser solo un ser primitivo, pero hay que ser *también* un primitivo.

Comíamos, bebíamos; trajeron un segundo medio litro, luego un tercer medio litro. Y fue así cómo el tiempo pasó demasiado deprisa; ya caía la noche, sin que la hubiésemos visto venir. Delante de nosotros, la mesa de pino pintada de verde se había vuelto negra. Tuve que encender una cerilla para encontrar la entrada de la escalera en el muro que bordea la carretera.

Porque de lo que se trataba ahora era de llegar a la casa donde nos esperaba la cena, a cien metros de nosotros cuesta abajo; y tan empinada es la pendiente que hay habilitadas incluso unas escaleras que van de un muro a otro, por entre las terrazas de los viñedos. Mientras que encendía cerillas, dudando delante de cada una de aquellas puertas de hierro y de madera pintadas de gris, de rojo o de verde, nuevas o viejas, practicadas en el muro que bordeaba la carretera, podíamos ver muy bien, a nuestros pies y un poco por delante de nuestras rodillas, el tejado pardo de la casa gracias a una farola eléctrica colocada muy alto en el vecindario. También podían verse, aunque mal, en los alrededores inmediatos, las casas de los viticultores que, vistas de bies, mostraban en sus fachadas una o dos ventanas iluminadas. El agua del lago, más allá, era como un lugar vacío; era la representación del vacío mismo, de lo mucho que se confundía con la noche. Cuando nos encontrábamos en la cresta de un muro, solo teníamos para guiarnos durante esos cien metros cuesta abajo, aquellas luces y aquel impreciso cuadrado de tejado, de modo que no solamente teníamos el vacío delante de nosotros, sino también a ambos lados. De hecho, de día, es una bajada placentera (la subida lo es menos, sobre todo en julio y agosto); es la bajada por definición, una bajada en línea recta, imposible de flanquear, sin giro, sin viraje, sin ser en absoluto un descenso de alpinismo, porque nos encontramos aquí en una escalera, nos encontramos en un territorio enteramente construido por el hombre, insisto; nos encontramos como en lo alto de un campanario con tres de sus fachadas derribadas; no nos encontramos en la naturaleza, estamos en el hábitat de los hombres (lo que es precisamente bello); estamos encima de unos muros almenados cuyas almenas son como escalones; puedes dejarte caer, si quieres, pero no será sobre piedras, no será de roca en roca, porque la roca no tiene forma, mientras que aquí las piedras que hay son piedras talladas, cuidadosamente colocadas en su sitio, y, para terminar, no menos cuidadosamente aseguradas por medio de cemento. Es una tierra tan modelada por el hombre que, tres meses al año, se cierran todas sus puertas; hay puertas de hierro que se cierran a los transeúntes cuando la uva empieza a florecer y que solo se vuelven a abrir después de vendimiarla. Aquella noche, afortunadamente, estaban abiertas. Lo único que teníamos que hacer era dejarnos caer hacia las lucecitas que, a la inversa, subían a nuestro encuentro.

Le enseñé a usted la casa. Abajo, había un gran salón cuyas paredes estaban tapizadas con un desgastado papel gris y oro, una chimenea de mármol negro por cuyo conducto de humos seguía trepando el deshollinador como en los viejos tiempos, valiéndose de su espalda y de sus rodillas; una pantalla oval pintada con flores alegres sobre fondo negro. También le enseñé a usted la habitación donde yo trabajaba y de la que me enorgullecía. Estaba situada en una de las plantas del tejado abuhardillado, que tenía dos, y donde había, en medio de un bosque de vigas, una apreciable sala de fumadores forrada de hojalata. Mi habitación se encontraba en la parte delantera de la casa y estaba formada por la unión de dos habitaciones de criados al haber sido derribado el tabique que las separaba; así pues, tenía siete u ocho metros por cinco o seis, en lo alto de la gran casa, arriba del todo de la alta fachada orientada al sur, que solía estar bañada por el agua, en los tiempos de las barcas, en los tiempos en que el régimen de las aguas no estaba aún "regulado" por compuertas que los ginebrinos subían y bajaban a su antojo; en los tiempos en que el lago no era aburrido, porque inútil, tiempos en que "servía", en que el vino se transportaba por agua, y que se veía, en la parte inferior del muro, junto a las bodegas, el gran cabrestante oxidado donde se amarraban los barcos.

Las paredes estaban encaladas; el techo de vigas también estaba encalado. Los únicos muebles de aquella habitación eran una gran mesa de cocina, una vieja cama de descanso de correas, y un arcón de pino que era inmenso y que se montó in situ, pieza por pieza, de modo que para llevarlo a otro sitio habría sido necesario desmontarlo.

Cuando hacía buen tiempo, todo era azul allí arriba; todo se movía y bailaba a mi alrededor y por encima de mí, como encaje lavado y tendido en una cuerda; –y, allí dentro, solemnemente, el arcón ocupaba toda una pared, henchido de majestuosidad bíblica, pero a la vez familiar y utilitario, pues estaba dividido en tres compartimentos: uno para el trigo, otro para el centeno y otro para la avena.

II

Unos meses más tarde, Strawisky se instalaba en Morges[5]; y yo, me vi obligado a dejar el Treytorrens. Eran los tiempos (ya olvidados) de las grandes "restricciones" y de las cartillas de racionamiento de todo tipo. Eran los tiempos de los macarrones azules, los tiempos en que los burgueses, temiendo morir de hambre, transformaban apresuradamente sus macizos de begonias en plantaciones de patatas. El viñedo es absoluto. La tierra del viñedo, actualmente, solo quiere conocer y solamente conoce la vid. Ya no se encontraba allí ni una sola verdura, y, mientras que cada mañana los niños cargados con bidones iban a buscar a más de media hora de allí a pie (es decir de Chexbres) los tres o cuatro decilitros de leche a los teníamos derecho por habitante, yo me disponía a trasladarme. Tuve que dejar la gran habitación, el arcón, los bonitos juegos de luces en mi techo, la panorámica en picado del lago (pero he de decir que aquella sobreabundancia de agua para la vista estaba compensada por una total ausencia de agua potable y de agua de uso doméstico). Mi mudanza cerca de Lausana tuvo al menos la ventaja de acercarme de Stravinsky. Me acercaba a él en el espacio; me acercaba a él más aún por los medios de comunicación puestos a mi alcance. Stravinsky, claro está, tenía teléfono, yo, claro está, no tenía; pero estaba el teléfono de mi vecina que tenía una lavandería (cuya dirección Stravinsky no tardó en encontrar en el listín telefónico) y que ella misma puso a nuestra disposición. Mi vecina enviaba a buscarme a algunas de sus obreras. Todas estas lindas señoritas traba-

---

[5] Ciudad a orillas del lago Lemán en el cantón de Vaud.

jaban en el establecimiento con los brazos al descubierto, de manera que siempre entraba yo allí con mucha timidez (además yo iba vestido de andar por casa, en mangas de camisa o en zapatillas), y me colocaba delante del aparato −al mismo tiempo, automáticamente, mi presencia, muy a pesar mío, acallaba las conversaciones en curso e interrumpía todo tipo de bonitas melodías de moda, tales como *Madelon* y *Tipperary*. Seguía un gran silencio, puntuado por el ruido de las planchas de hierro y, los días en que soplaba el cierzo, por el alegre chasquido de la colada secándose en el tejado de zinc; y es así cómo, ridículamente expuesto a los oídos de cinco o seis hermosas personas, iniciaba, algo incómodo, una conversación de la que ellas no se perdían ni una sola palabra (de una de las mitades al menos). Mientras tanto, Stravinsky estaba instalado entre dos tambores, en la habitación que ocupaba en lo alto de la torrecilla que adornaba, en una de sus esquinas, la "villa" muy dentro del estilo 1880 donde vivía −y allí, cómodamente sentado en un sillón, fumando un cigarrillo con boquilla de cartón, tomando entre dos frases un sorbo de café fuerte o de armañac, estaba decidido a prolongar, a pesar de todos los inconvenientes que podía representar para mí, una conversación en la que dejaba correr su pasión por un címbalo, recuerdo, o por un joven húngaro que tocaba aquel címbalo. La conversación no acababa nunca. Y las lavanderas, al principio intrigadas tanto por el tema de la conversación como por su duración, iban perdiendo el interés que tenían en ella, y volvían poco a poco, por voluntad propia y por inclinación natural, a la rutina normal de sus ocupaciones; −una centrifugadora volvía a ponerse en marcha, se atizaba el fuego del carbón bajo la caldera, una cancioncilla reanudaba su vuelo por encima

20

de la tela humeante donde dos brazos extendidos pesaban sobre sus dos manos...

—No oigo bien.

—..........

—No comprendo.

—..........

—D como en Demonio, E como en Espina, M como en Maestro...

(Stravinsky está muy bien informado acerca de todo tipo de trucos, convenciones técnicas, códigos telegráficos y demás, que la civilización moderna pone a su disposición y cada día en mayor número, sin que ello merme en lo más mínimo la desenvoltura con la que los usa.)

Afortunadamente, no todas nuestras conversaciones eran por teléfono. Stravinsky formó rápidamente parte de nuestra vida; quiero decir que mis amigos se convirtieron en los suyos. Con frecuencia, éramos varios en un encuentro con él; y, o bien venía él a vernos a Lausana, o bien íbamos a verle nosotros a Morges. Para ser exactos, este sería un buen lugar para recordar los dos extraños años de guerra que vivimos entonces, nosotros pacíficos ciudadanos de la región de Vaud. Esta región mostraba allí una extraordinaria fuerza de inercia (cosa que la caracteriza) cuyo resultado era que todo conservaba la misma apariencia en medio de las peores conmociones. Apenas si su aspecto exterior se había modificado ligeramente: el de los urbanitas, al menos algunos días, el de las calles; sin embargo los urbanitas son una minoría y las calles una ínfima parte de su extenso territorio en el que, como siempre se había hecho, el campesino segaba, o bien, como siempre, iba detrás del carro: había que mirar muy de cerca para darse cuenta de que los cultivos ya no eran del todo iguales a los de antes, y que la comarca iba cambiando poco a poco de color debido al número considerable de campos de trigo entre los que se veía incluso aparecer en ciertos lugares los pequeños rectángulos blancos o color canario de los campos de adormideras. La comarca cambiaba de color, pero lo hacía lentamente, un año tras otro, de manera que era difícil darse cuenta del cambio. Y las pasiones seguían escondidas en el fondo de los corazones. En cuanto a las transformaciones en las tradiciones y las costumbres (que eran numerosas), permanecían igualmente secretas por algo parecido al pudor, solo se expresaban, por fuera, ocasionalmente e involuntariamente. Era sin embargo la época en la que se veía a pequeños mecánicos ascendidos a jefes de industria en pocas semanas, sin quererlo, sin haberlo buscado, como a pesar suyo, debido al gran volumen de pedidos. Un día, hacían sus cuentas y veían asombrados que con algunos miles de francos habían ganado millones (que desde entonces se apresuraron en perder). Era esa época tan extraña en que honestos comerciantes (perfectamente honestos hasta entonces al no presentárseles la oportunidad) terminaban por darse cuenta de que ya no sacaban ningún provecho continuando vendiendo decentemente mercancías (que realmente existían), y que el oficio más lucrativo para ellos desde aquel momento iba a consistir en negociar ficticiamente ni siquiera sus stocks, sino las simples autorizaciones oficiales que habían obtenido para constituirlos. Se especulaba con "derechos", con ganancias del cien por cien, incluso más. Todo el mundo se enriquecía o al menos creía enriquecerse: todos los que estaban en los negocios, y los que no estaban aún en los negocios se metían en ellos, a menos que les metieran por la fuerza o que les ofrecieran dinero para entrar en ellos. Era la extraña época en la que se vio por primera, y pienso por última vez, en nuestro país, a simples particulares "comprar pintura", locura de la que les curó radicalmente el regreso a la vida normal. Durante aquella época, todos los días llegaban trenes llenos de heridos a la estación: ingleses de tez colorada, hechos en serie, cada uno de ellos reproducido en miles de ejemplares, al igual que sus uniformes kakis; belgas, algunos hindúes; –luego, por contraste y muy cercanos a nosotros, los de las provincias de más allá de nuestras fronteras del oeste; entonces constatábamos de repente que nuestra tierra constituía también una frontera. Provenzales, bretones, auverneses, lemosinos: los con barba, los sin barba, los negros, los rubios, los bajitos, los esbeltos; los de los oficios, los de las profesiones, también los de las clases sociales, y se veía llegar, un tras otro, al viticultor languedociano, parecidísimo a nuestros viticultores de La Costa[6] apoyado en su bastón, y al aviador de Saint-Denis[7] con corbata de fantasía. Francia entera se esparcía sobre nosotros como para demostrarnos el profundo parentesco que teníamos con ella (en esos tiempos de guerra en los que éramos neutros); se nos acercó entonces con su verdadero rostro (compuesto de rostros muy diversos pero cuya superposición los reducía finalmente a una especie de unidad) y que no era solamente su rostro convencional, su rostro literario o su rostro político o su rostro de los bulevares de París, – diciéndonos: "¿Me reconocéis?" La reconocíamos, pero no lo decíamos. Ahora bien, una carta con destino a

---

[6] Región viticultora entre Lausana y Ginebra a la orilla del lago Lamán.
[7] Comuna francesa ubicada en el departamento de Sena-Saint-Denis

París tardaba quince días en llegar (si conseguía llegar) y las cartas procedentes de París, el mismo tiempo o más; las comunicaciones corrientes (como correos, el telégrafo o el tren) estaban de hecho suprimidas; – de manera que, por una parte, la gente no se "comunicaba" o se "comunicaba" mal, pero, por otra parte, se comunicaba más profundamente, como nunca antes. Para nosotros eran los tiempos en que nuestras comidas entre amigos empezaban siempre por largas discusiones con el dueño del restaurante en un rincón del local; a continuación, tenía lugar una colecta, es decir que se recogían los cupones, pues se producía un desempate entre los que tenían su cartilla de racionamiento y los que no la tenían; y normalmente, los que tenían su cartilla eran minoría; de forma que se debía recurrir a todo tipo de combinaciones (posibles en nuestro país donde si hay tantas normativas es porque no se aplican) para obtener queso hasta quedarnos saciados, para obtener pan y mantequilla, a voluntad también. Dicho de otro modo, llegábamos a un "arreglo" (importante recurso de los vaudeses). Y, entre todos esos cambios, todas esas dificultades, todo ese desorden, todo ese trasiego, esa sorprendente mezcolanza de sentimientos mal expresados o demasiado expresados, de emociones políticas o de emociones auténticas, de hecho ellas mismas contradictorias, –seguíamos llevando una vida aparentemente siempre igual; se trabajaba, a pesar de todo se trabajaba; se seguía podando las viñas, segando los prados, cuidando las vacas, había quien pintaba cuadros o escribía libros; Stravinsky (en Morges) estaba componiendo *Renard*[8].

---

[8] *El zorro*, ópera de Stravinsky.

Con *Renard* se nos presentó la oportunidad de empezar a colaborar, y soy de la opinión de que las personas solo llegan a conocerse de verdad cuando tienen la ocasión de trabajar en común. Enfrentándose juntas a una misma materia, a un mismo tema, a las mismas dificultades, es así únicamente como consiguen tomar conciencia de sus parecidos, de sus diferencias, de su clase o de su categoría, de ciertos valores fundamentales que no aparecen (o no siempre) en el transcurso de una simple conversación, a través de sus reacciones espontáneas, inmediatamente comparables y que tienen, por así decirlo, un denominador común. Las personas que se conocen de verdad entre ellas son aquellas que tienen un mismo oficio porque este les sirve de intermediario en distintas ocasiones; esto explica que una materia determinada y el conjunto de sus combinaciones puedan sustituir a las imprecisiones del lenguaje. Se razona entonces apoyándose en ejemplos. Las dificultades ya no son puramente abstractas, sino que se pueden prever; ya no son teóricas, suponen una acción común de donde surge primero una "reacción" que revela a la persona al completo. Nos reuníamos casi todos los días en la habitación azul desde la que se dominaba el jardín; nos encontrábamos rodeados de tambores, timbales, bombos, todo tipo de instrumentos de choque (o de percusión, que es el término oficial) a los que se había añadido recientemente el címbalo que mencioné antes. Yo me sentía músico entre aquellos instrumentos de música, quiero decir entre aquellos instrumentos de música en particular, que no tienen nada de esotérico como el violoncelo o incluso el piano: quiero decir que nada me impedía golpearlos. Todo lo que es ritmo o volumen de sonido, o también lo que es timbre, me pertenece por derecho porque el ritmo, el sonido, el timbre, no son solo música, están en el origen de la música, pero están también en el origen de todas las artes. El músico Stravinsky se sitúa (o se situaba) de buen grado en ese punto de la música en el que empieza a "divergir" de las demás artes: de modo que nos resultaba fácil coincidir él y yo en ese punto; –aparte de que *Renard* conllevaba un texto, que ese texto estaba escrito en ruso y que se trataba de adaptarlo al francés. El papel de las paredes tenía un color azul extraordinario, como la espuma de la colada lavada con detergente azul; ocupábamos el interior de un cubo que parecía haber sido tallado a hachazos en el cielo. Abajo había un precioso jardín-vergel con hierba y árboles en flor, donde cuatro hermosos niños "colorados" (en ruso se dice, un niño "colorado", una niña "colorada" para expresar de forma aprobativa los hermosos colores de la salud), corrían y reían el día entero. Hacia las cinco, nos traían una merienda compuesta de un café muy fuerte, pan fresco y confituras. Yo tenía una hoja de papel y un lápiz. Stravinsky me leía el texto en ruso verso tras verso, teniendo cuidado al contar cada vez las sílabas de cada verso, cuyo número anotaba en el margen de mi hoja, luego me daban la traducción, quiero decir que Stravinsky me traducía el texto palabra por palabra. Era una traducción tan literal que a menudo resultaba totalmente incomprensible, pero con abundantes imágenes (sin lógica), con encuentros de sonidos de una frescura tanto mayor cuanto carecían de sentido (lógico). (Sospecho también, entre paréntesis, que incluso en el texto ruso esa clase de sentido estaba apenas representada.) Copiaba palabra por palabra; después venía la cuestión de las longitudes (la de las largas y la de las breves), también la cuestión de las vocales (tal nota correspondía a una o, otra a una a, otra a una i); finalmente, y por encima de todas las demás, la famosa e insoluble cuestión del acento tónico y de su coincidencia o de su no-coincidencia con el acento musical. Demasiadas coincidencias son aburridas; solo complacen a nuestro sentido de la medida o métrica. Hubiesen entrado en contradicción con la naturaleza íntima de una música que, alternativamente, oía que me cantaban, y que, alternativamente, me tocaban al piano con acompañamiento de timbales; que me cantaban y me tocaban a la vez, y que venía a mí en su materia viva. Someterse a la norma hubiese sido traicionar esa materia misma; ir por principio y a toda costa en contra de la norma habría sido demostrar una especie de lógica inversa, no menos engañosa, no menos fastidiosa. Si añadimos a esto las complicaciones que resultan de las contradicciones particulares que hay entre el ruso y el francés donde el acento no está puesto en la palabra, sino en la frase, y no hay la misma intensidad; como se ve, al final las dificultades no eran nimias y que podrían haber dado pie a interminables discusiones. Habíamos alcanzado una suerte de acuerdo íntimo y previo. Comprendimos enseguida que no había normas, que no podía haber normas, que no debía haberlas. Comprendimos enseguida que no habría casos particulares. Cada uno de los casos encerraba su propia solución, y la palabra correcta no es "solución", pues cada uno de ellos priorizaba más bien la intervención del gusto que de la razón, en el sentido discursivo y analítico. Preparábamos sopa. El que prepara la sopa, la prueba, luego añade agua o sal. Cocinábamos un plato que había que condimentar; es un asunto del paladar. Tal acorde, tal timbre, tal sonido vocal (en ruso); además, el tenor, en ruso, canta con tal o cual voz en tal o cual sílaba: ¿qué va a hacer el tenor que canta en francés para no traicionar la intención de la frase musical? Siempre había que encontrar el equivalente sonoro, sin olvidar el sentido cuyo equivalente había también que encontrar: cada vez, y en cada verso, había varios centenares. Volvía a mi casa con un enorme cuaderno escolar lleno de esa traducción literal "palabra por palabra" y de indicaciones musicales dentro de las que tenía que desenvolverme, lo que tampoco habría sido difícil si aquellos versos hubiesen sido versos en el sentido habitual del término, si solamente hubiesen tenido, por ejemplo, más o menos, la misma longitud; pero, dada la música y sus continuos cambios de compás, era evidente que esos mismos versos tenían que cambiar continuamente, con las diferencias más duras y marcadas que resultaban ser también las más pequeñas: de esta forma, a un verso de siete sílabas le seguía de preferencia un verso de ocho, a un verso de ocho, uno de nueve: siete, ocho, nueve, –o a la inversa,– ocho, siete, seis: un rompecabezas. Nos merecíamos muchísimo las buenas cenas que nos preparaba la vieja *niania*, que empezaban tarde (y yo con el cuaderno en el bolsillo) y se prolongaban hasta la hora del último tren; con vodka (para empezar), luego con *blines*, y *tschi* (y no sé qué más), carnes picadas, pasta fresca blanda rociada con mantequilla caliente; con mezclas también de sopa y de carne, con esas sopas de remolacha de un rojo oscuro que me hacían pensar en los tiempos míticos de la historia rusa donde se cuenta que los vencedores bebían en los cráneos (nosotros en platos) la sangre de sus enemigos.

III

¿Dónde está usted ahora, Stravinsky? Usted se encuentra muy lejos de mí en el espacio, se encuentra (ya) muy lejos de mí en el tiempo. Durante estos últimos años, le he vuelto a ver poco, dos o tres veces quizás, en la habitación que tenía en la sala Pleyel (la antigua Pleyel), calle Rochechouart, en París, y demasiado brevemente. Quizás haya usted cambiado; quizás ya no sea usted del todo el Stravinsky que conocí. Puede ser que estos "recuerdos", si algún día llegan a sus manos, le disgusten incluso; quizás le moleste que los haya escrito. He de decirle que había pensado primero en añadir una introducción donde habría explicado a la vez las razones que habría tenido para no escribirlos y las razones por las que, a pesar de todo, los había escrito. Estas últimas razones aparecerán, me gusta creerlo, más adelante. Lo que quiero subrayar aquí, son las razones inversas, quiero decir las dificultades muy particulares que se tiene al querer hablar de usted, y que tengo yo más que nadie. Los derechos que tenía para hacerlo son de naturaleza tan íntima que dudé en usarlos. No soy un crítico, aún menos un técnico; no soy de los que, cuando escuchan su música o cuando hablan de lo que ellos llaman "su evolución", pueden desarrollar usando términos especiales y muy engañosos, una teoría muy personal. Sería totalmente incapaz, como tan bien saben hacer esos otros, o al menos aparentarlo, de precisar el papel que usted ha desempeñado hasta ahora (y sigue desempeñando y seguirá durante mucho tiempo aún desempeñando, eso espero) en la historia de la música contemporánea y de la no contemporánea, la de ayer, la de hoy, la de mañana; la rusa, la no rusa, la europea, la no europea; —muy incapaz de decir, por ejemplo, si usted es un "clásico" o un "romántico", o incluso si, no siendo ni un clásico ni un romántico, ha inaugurado un nuevo género, del que usted es, por ahora, el único representante. Por otra parte, usted es "célebre"; usted pertenece a la categoría de los que los periódicos llaman "celebridades mundiales". Usted es de los que son entrevistados, y yo no soy un entrevistador. Sé que está usted siempre, sin quererlo, rodeado de ilustres señoras que entre ellas se avisan por teléfono de sus desplazamientos, de modo que uno no se atreve ni siquiera a hablar de usted, aún teniendo la justa oportunidad, por temor a ser sospechoso de pertenecer a ese género de guardaespaldas o, lo que es más grave, de querer aparentar pertenecer a él. Ya ni siquiera me atrevo a mencionarle en esos círculos, cuando por casualidad me encuentro en uno de ellos, lo cual es poco frecuente; y si alguien me pregunta: "¿Le conoce usted?", contesto: "¡Oh!, muy poco..." Así que a veces reniego del hombre público que usted es, es decir, del hombre que la gente piensa que es, por respeto al hombre que creo que es usted y que no se parece en nada al otro. La clase de celebridad que es la suya, a pesar suyo, es una de las más difíciles de llevar, o de sufrir, que hay: pues no es popular, es decir a la vez apasionada, olvidadiza, pero muy sincera y desinteresada, como la que cierto público admira en los boxeadores o en los ciclistas; tampoco es local, afortunadamente, ni siquiera es nacional, usted habla un idioma internacional; es una celebridad cosmopolita, es decir aristocrática e internacional a la vez: ¿no sería entonces mejor callarse, cuando no se es crítico de profesión como es mi caso, cuando no se quiere ser un esnob, cuando, además, no se está relacionado ni tampoco quiere serlo de ninguna manera, con los círculos donde precisamente arrasa el darse el aire de "experto"? Probablemente debería haber guardado silencio; espero que usted sepa comprender por qué no lo he hecho. Me dije que solo tendría que tratar con un público restringido de amigos; creo que también son amigos suyos, y que sabrán leerme, al igual que usted, entre líneas. Pensé en el hombre que es usted ahora, que fue para mí; en una amistad que perdura, pero a la que precedieron cinco años en común, muchas cosas que apreciamos juntos, muchos acontecimientos que vivimos juntos; entonces me pareció que estaba en deuda con usted y quise solventarla. Mientras que la princesa de P. le llama por teléfono o le telegrafía, lo que, ya lo sabe usted, lo estropea todo, o que en algún lugar de América se representa con gran despliegue de entrevistas y de dólares su *Musagète*[9], –pienso en un pequeño territorio en el que ya usted no está, pero donde yo sigo estando, y al que usted le debe algo, aunque él también le debe mucho a usted. Pienso en ciertas horas de nuestras vidas, que pasamos juntos; y que, si fueron de gran importancia para mí, no carecen de cierta importancia para usted. Pienso en todas esas cosas que morirán, que ya están muertas, que ni siquiera existieron nunca fuera de nosotros: no he podido evitar ponerlas en este papel mal que bien, tal y como se me han ido ocurriendo; –para evitar que mueran del todo, o bien, si ya están muertas, resucitarlas.

Qué extraño encuentro, el nuestro; todo parecía tener que separarnos. Usted era músico, yo no; usted era ruso y venía de muy lejos, yo ya estaba donde sigo estando, es decir

---

[9] Se trata de la obra de Stravinsky titulada Apollon Musagète (Apollo Musageta, en español), ballet neoclásico en dos actos.

donde nací; no hablábamos el mismo idioma. Las cosas que nos rodeaban, usted habría podido y debido verlas de cierto modo, yo de otro; usted a su manera y yo a la mía; deberían haberse interpuesto entre nosotros. ¿Cómo es posible entonces, que sea sin embargo por ellas, a través de ellas, que nos hayamos comunicado tan rápido y de forma tan completa, y más aún, que me haya usted afianzado en el apego que sentía hacia ellas? Esas cosas contaban muy poco para las personas que me rodeaban y que sin embargo eran de mi raza; ¡contaban tan poco a los ojos de aquellos para quienes deberían haber contado, sobre todo! Entonces llegó usted; y el primer beneficio que obtuve de nuestro encuentro fue que me hizo ver que esas cosas contaban también para usted, que contaban muchísimo. Usted me enseñó, siendo usted mismo, a ser yo mismo. Tengo que agradecerle en particular el haberme animado a manifestar mi placer (en sentido pleno) allí donde lo hallaba, tal y como lo sentía, primero sin intentar corregirlo ni explicármelo; —eso a pesar de la inmensa reprobación de la que estaba rodeado, que hoy en día sigue rodeándome, y que quizás hubiera terminado por hacerme callar, como lo hizo con tantos otros, hubiera terminado por hacerme dudar del mismísimo placer, si no llega usted a venir. Alrededor de mí había (y sigue habiendo) una inmensa coalición de costumbres y de gustos que condenaba instintivamente, claro está, todo aquello que pudiera quebrantarla; una gran coalición, tanto más temible cuanto que era más pasiva en torno a ciertas cosas que estaban permitidas y que protegía, mientras que defendía el acceso, por todos los medios, es decir por la inmovilidad, a otras cosas que no lo estaban. Solo había una manera de acercarse a las cosas permitidas, fuera de la cual actuaba automáticamente un gran silencio reprobador.

Usted apareció ante mí en un espacio de libertad que usted transportaba consigo y en el que me invitó a ocupar un sitio, estando yo en mi propio país, de modo que ese sitio se vio ocupado por las cosas que precisamente yo amaba, pero que no me atrevía a amar. Usted venía de otro lugar: y sin embargo las quiso enseguida, y sin vacilar; sin falsa circunspección, ni vana reflexión, pero sin arrogancia; –por necesidad. Por hambre real, por apetencia, por necesidad, por gusto: y usted me enseñó, con su ejemplo, a ceder a ese gusto (cuando es verdadero), a ceder al hambre y a dejarse llevar por la apetencia sin falsa vergüenza. Usted me dio el ejemplo de la espontaneidad, que es lo que más necesitamos en este país donde los individuos son tan propensos a analizarse, a juzgarse, a enfrentarse a ellos mismos, que terminan por dejar de obrar, incluso de reaccionar. ¡Oh! En comparación con ellos y por contraste, usted era un ser "actuante" que, ante cualquier cosa, reaccionaba inmediatamente. Y esos objetos que le hacían actuar o reaccionar, puesto que es el término consagrado, eran precisamente los más comunes, los más despreciados, los más descuidados, los más expuestos a las miradas y al mismo tiempo los menos vistos, los más humildes, pero los más "genuinos", sirviéndome aquí de una de las palabras de nuestra tierra que más me gusta. Un sombrero de fieltro, una botella de vino, una caja de cerillas, una pared, una casa, una canción de borracho; cosas que son muy "comunes", en efecto, en los dos sentidos del término, y cosas que son de todas partes, pero tal y como se presentaban aquí, con una inflexión propia, con un sabor propio, con pequeñísimas diferencias en su disposición, la materia, la forma, la combinación de sus elementos: aquello precisamente que las hacía tan especiales y que para usted era una fuente de disfrute; un disfrute que para nosotros era, con demasiada frecuencia, un motivo de vergüenza y algo secreto. Sin embargo, en usted, quedaba afirmado y proclamado, lo gritaba en público, es decir, expresado de la forma más directa: en eso consiste el secreto (uno de los secretos) de su fuerza. Una caja de cerillas de latón, por ejemplo, o simplemente esas mismas cerillas con su cabeza verde o roja, una botella de vino "federal" marcada en el cuello con una raya que indicaba hasta dónde se la debía llenar, una raya con la cruz y la indicación del contenido, la botella de vino, –lo que había dentro. Y, mientras que entre nosotros seguía a menudo prevaleciendo la duda, o la desconfianza en nosotros mismos, en usted esa alegría estallaba de repente, seguida repentinamente también por una especie de toma de posesión cuyos signos casi maliciosos podían verse en su cara señalados por dos grandes arrugas en la comisura de la boca. Lo que usted ama le pertenece, lo que usted ama *debe* pertenecerle. Usted se abalanza sobre sus presas, usted es un hombre de presa. Usted quiere que todo le pertenezca (creo que estas palabras son acertadas, aunque creo que finalmente se ha dado cuenta de que solo hay una manera de poseerlo todo). Pero de todo esto, lo que quiero recordar aquí, es que usted iba directamente siempre y por instinto, a lo significativo, a lo verdadero, a lo auténtico, en toda clase de cosas, y siempre a las materias brutas, las no clasificadas, las no percibidas, aquellas mismas de las que la gente desconfía, de las que nuestro pequeño y pulcro país desconfiaba más que cualquier otro.

El academicismo va y viene.; usted es un hombre directo. El hombre corriente, que es indirecto, no ve o no quiere ver, en general (porque en realidad no ve nada), más que las cosas ya vistas por otros; eso significa para él que corre menos el riesgo de equivocarse. Se mueve, en poesía, dentro de la convención poética, que es la negación misma de la poesía: injerta sus "impresiones de arte" en impresiones de arte; para él, las cosas solo existen a partir del momento que han sido expresadas, existen solo en segundo grado. No se le puede hacer ningún reproche a este hombre de masas y que constituye el público, el cual solo tiene que seguir, cuando puede seguir, en ningún caso preceder o adelantarse. ¿Acaso no podría decirse casi siempre lo mismo de los que llamamos artistas, a quienes se les llama más por ese nombre cuando menos dignos son de llevarlo? Son novelistas, van a Venecia, van a Sevilla: usted sabe a lo que me refiero. Son pintores: pintan un paisaje de la Isla de Francia, se lanzan instintivamente a los paisajes "consagrados" y no se apartan de sus "temas". Sacan su prestigio de las cosas que ya tienen un prestigio por sí mismas. A usted, le vi llegar a un pequeño territorio que no tenía prestigio alguno, o, peor aún, que sí tenía uno, pero del tipo más convencional: el de los glaciares, el de las cascadas, el relacionado con Guillermo Tell[10], con Rousseau, o con Byron; – aparte de esto, sí tenía un prestigio, pero nadie se dignó buscarlo. Usted sí que lo buscó; este territorio carecía de prestigio, *usted le confirió uno.* Y esto es algo que tenía que decir. Le he visto ir directamente a las cosas, a las cosas de aquí, en nombre de su único placer, sin "incitación" alguna, sin ejemplos venidos de fuera, por instinto, por gusto profundo, que ya es amor. Usted ha sido para mí el ejemplo vivo de lo que es el primer

---

[10] Personaje legendario de la independencia suiza (siglo XIV). No existe hoy en día ninguna prueba documental con la que probar que existió realmente.

hombre, el único que cuenta. A menudo, a estos hombres se les distingue mal, o se les distingue muy tardíamente, al estar perdidos o confundirse en la masa de los seres; se les distingue aún más difícilmente cuando muchos otros tienen la habilidad de hacerse distinguir obrando torpemente (usted no); usted ha sido para mí uno de esos hombres, uno de esos hombres en el sentido pleno. Usted era músico: representó para mí la música en su estado primigenio: lo que me complací en llamar la anti-música, por oposición a la música prefabricada, en unos cuantos pequeños versos que escribí entonces (y nosotros dos escribíamos muchos versos, usted en ruso, yo en mi idioma, que es una lengua occitana, es decir que no es enteramente el francés), pero ahora quizás se me comprenderá mejor:

Solo se hace poesía,
con lo anti-poético;
solo se hace música
con lo anti-musical.

IV

Tradujimos *Renard* lo mejor que pudimos; una vez corregidas y corregidas de nuevo las notas que tomé a lápiz, las copié con tinta, el propio Stravinsky transcribió sílaba a sílaba, cada una de las sílabas del texto francés bajo la sílaba correspondiente del texto ruso, en rojo, en el manuscrito. No quiero perderme la ocasión de decir unas palabras acerca de las partituras de Stravinsky, que son magníficas. Stravinsky es ante todo un calígrafo (en todas las cosas y en todos los sentidos de la palabra). Por mi parte, tardé mucho en ver, y pido disculpas por ello, todo lo que la caligrafía conlleva de esencial en ella misma. No es del todo culpa mía. Fui educado, como todos los colegiales de mi época, en el *respeto* de la mala escritura. A mi alrededor se entendía que todo hombre inteligente escribía mal (en el sentido propio, pero es imposible aislarlo de los otros sentidos). Cierta negligencia en ese ámbito parecía elegante, incluso a nuestros maestros que únicamente nos recomendaban escribir bien para su mayor tranquilidad o su propia comodidad, sin creérselo del todo, llevando su coquetería hasta el punto de escribir ellos mismos mal. Seguía viendo, por ejemplo, que las recetas del médico eran ilegibles, y, cuanto más ilegibles eran más admiración me causaban. En general, solo la "gente como todo el mundo" escribía las letras como todo el mundo; yo me aplicaba en escribirlas como nadie, y sigue siendo el caso, pienso, de muchos niños. Para devolverles a una visión más exacta de las cosas, me hubiera gustado que los niños de entonces hubiesen visto los manuscritos de Stravinsky, y también la mesa de escribir donde habían sido pacientemente elaborados. Habrían podido constatar que el orden no es necesariamente aburrido. El orden verdadero no es aburrido, porque no va contra la vida y que, más bien al contrario, la exalta y la intensifica. La mesa de escribir de Stravinsky se parecía a la repisa con los instrumentos del cirujano; ahora bien, el orden en el que el cirujano los dispone es una oportunidad más que se da en su lucha contra la muerte. El artista también (a su manera) lucha contra la muerte. Aquellos frascos de tinta de varios colores dispuestos jerárquicamente contribuían cada uno con una pequeña parte a una gran afirmación de orden superior. Lindaban con gomas de borrar de todo tipo y de formas diversas, de toda clase de objetos de acero relucientes: reglas, rascadores, navajas, tiralíneas, sin contar cierto instrumento de ruedas que servía a trazar los pentagramas y cuyo inventor era el propio Stravinsky. Recordaremos aquí la definición de Santo Tomás: la belleza es el esplendor del orden. El orden en sí mismo no es suficiente, todavía tiene que aportar claridad. Había aquí un orden que iluminaba, porque solo se limitaba a ser el reflejo de una claridad interior. Y era esa claridad la que transparentaba también a través de todas aquellas enormes páginas cubiertas de escritura, de forma más compleja aún, más persuasiva, más perentoria, con la colaboración de diferentes tintas, azul, verde, roja, negra, dos tipos de tinta negra (la común y la tinta china), cada una con su finalidad, su significado y su utilidad particulares; una servía para escribir notas de música, otra el texto, uno de los textos, una tercera para el segundo texto; estas servían para los títulos, aquellas para las diversas indicaciones escritas que contiene la partitura; mientras que las barras eran trazadas con la regla, las faltas cuidadosamente borradas con el rascador. Página tras página, nota tras nota, línea tras línea, todas aquellas grandes hojas de *Renard* se habían llenado de arriba abajo y se contaban por centenas. Estaba convirtiéndose en un imponente conjunto de pequeños óvalos negros o de óvalos blancos un poco más gruesos con sus tallos, y reunidos en racimos, o escalonados en altura, como frutos en sus espalderas; por encima de ese doble texto cuyas sílabas estaban unidas entre ellas por líneas horizontales, como las que representan los caminos en los mapas: el famoso texto, el famoso doble texto, trazaba como dos surcos en esos caminos. Todo aquello que había sido ruido, todo aquello que había sido, por ejemplo, muchísimas notas golpeadas en el címbalo con mazo de fieltro o de piel, con los pequeños o los grandes mazos, a veces duros, a veces blandos; que había sido sonidos de tambor, notas ensayadas en el piano o el violín; que había sido cantado, que había sido gritado, que había sido discutido, que había sido ideas, sentimientos, sensaciones, que se había agitado primero en una cabeza, luego en otra y después en el aire entre dos cabezas; ⁻que ahora estaba fijado, que ya no se movía, que se había convertido en una serie de puntos inmóviles sobre papel, se había convertido en inmovilidad, se había convertido en silencio, pero ambos fecundos de lo que tenían que restituir, como estirados hacia fuera.

La tarde avanzaba. Hacía tiempo que habían traído la merienda: el café empezaba a enfriarse en la cafetera. Por fin *Renard* había sido abandonado a sí mismo, es decir al discurso que da alguna parte al Señor Gallo, el cual le contesta (y se le da muy bien contestar). Al echar un vistazo al jardín por la ventana, descubríamos el cuadrado de un verde intenso que formaba la hierba recién crecida entre los ciruelos, luego la noche caía encima como cuando se le pone la funda a un sillón. Había que encender la lámpara. Comíamos una mantequilla excelente y pan fresco con una gruesa corteza bien cocida, bien crujiente, como le gustaba a Stravinsky, y a mí también. Estaba claro que renunciaría a coger el tren de las 7. Se llamaba a la dueña de la lavandería quien se encargaba de llevar el recado. A partir de entonces, solo volví a coger el último tren. Miraba la suave luz de la lámpara que iluminaba por delante de nosotros las grandes tazas blancas de Weedgwood, dejando las altas paredes en la sombra, pero haciendo brillar los cobres de la "caja plana" y los pies de caoba pulida del címbalo que descansaban en el suelo de madera. También se distinguía en la balda inferior de un casillero, justo al lado de un par de címbalos, la cubierta de pergamino de uno de esos bonitos cuadernos militares, cuyo formato y grueso forro daban a entender inmediatamente que estaban hechos para ser utilizados al aire libre, hiciera el tiempo que hiciera, entre las garras del bombo o del trombón, cuando las fanfarrias se ejercitaban (aquellas fanfarrias que se oían a lo lejos en la calle principal, el sábado por la tarde o el domingo, y que le gustaban a Stravinsky). Charlábamos. Stravinsky me contaba un viaje que había hecho a la región de los tártaros del sureste, no lejos de Samara, me parece; y era como si nos hubiésemos trasladado allí. Estábamos en la habitación azul cerca de la lámpara, y, al mismo tiempo, partíamos juntos en un gran viaje que nos llevaba a las tierras de aquellos pequeños hombres, aquellos pequeños hombres rechonchos, redondos, astutos, ágiles, hábiles, que, por turnos, eran ladrones de caballos donde vivían y camareros en las grandes ciudades del Imperio ruso; por turnos, perfectamente honestos y más fieles que nadie a su palabra, −o apasionadamente, y como profesionalmente, mentirosos. Luego, Stravinsky me hablaba de Gógol. Oíamos a Gógol llamar en plena noche a su pequeño criado. En el inmenso apartamento sin calefacción, este se levantaba tiritando. Hace meses que reza, hace meses que ayuna; apenas si se tiene en pie. Ha mandado a su pequeño criado encender la estufa, y el pequeño criado titubea, el pequeño criado tiene miedo. No tiene más remedio que obedecer, sin embargo. Y veíamos a Gógol dirigirse a un armario y sacar del armario un atado de papeles, porque Dios se lo había ordenado. Es la segunda parte de *Las almas muertas*. Va arrastrándose hasta la estufa, emplea sus últimas fuerzas en echar al fuego el enorme manuscrito; luego se acuesta para morir. O también Stravinsky iba a buscarme a la biblioteca la recopilación de relatos que Tolstói había escrito para los niños de su colegio (la escuela que fundó en Yásnaya Poliana): uno era *La caza del oso* en el que se ve al oso ir andando hacia atrás para despistar a los cazadores y donde hay un maravilloso claro de luna; otro, *Historia de un caballo*, que me traducía de inmediato, del que recuerdo aún el olor a cuero, a polvo de roble y a sudor. Todas estas cosas mezcladas en desorden, los relatos cortos de Tolstói, Tolstói, Gógol y los pequeños dramas de Gógol, o Pouchkine (que no conozco bien); literatura, que ya no era literatura, y literatos, pero que eran hombres; todos los hombres importantes de la gran Rusia, durante horas inagotables, porque Rusia es inagotable, es un inmenso país y el mío es minúsculo; sin embargo, en aquellos momentos, era como si se confundieran, como si formaran un único país.

Dudo en seguir adelante. Hay cosas que nos atrevemos apenas a decir, pero que sin embargo son a menudo las que exigen ser dichas, las que más empujan hacia fuera, las que quizás sean las más intensas en nosotros. Las horas de plenitud que se han vivido una vez nunca están del todo muertas y tienden a manifestarse nuevamente; y, como fueron primero armonía interior y unidad, un día tienden a convertirse en ocasión de sintonía en el exterior, entre los hombres, por necesidad de hacer confidencias y de comunicación. Esa plenitud, que conocimos un instante y que luego nos dejó, permanece en algún lugar bajo forma de recuerdo en lo más profundo de nuestro ser; y para poder disfrutarla de nuevo, quisiéramos saber de qué está hecha, porque me parece que, si pudiéramos saberlo, nos sería devuelta, y con solo nombrarla volvería a ser una realidad. Pasamos así la vida entera intentando lograr en nuestro interior la reconciliación de todas las partes de nosotros mismos, que es la única satisfacción verdadera, la única delectación (de la que todas las demás dependen). Todas las cosas de la vida habían encontrado por un instante su solución, y satisfacían a la vez el cuerpo, los sentidos, los sentimientos, el alma, el espíritu, la inteligencia: entonces estábamos por encima de los tiempos. Habíamos alcanzado un único tiempo, el único que había y que no tenía ni principio ni fin: el anterior a la Torre de Babel, a la confusión de las lenguas, que nos dejaba ver más atrás aún, el Gran Jardín perdido de la unidad: de la unidad entre los hombres, de la unidad interior de cada uno de ellos. Ya no había espacio, quiero decir espacio que separa; pues, cuando usted me hablaba de su país, Stravinsky, y que yo le hablaba del mío, lo que caía era mucho más que una frontera terrestre; las fronteras terrestres no son las únicas en estar implicadas. Que caigan, que hayan caído, los hombres siguen chocándose con esas otras fronteras que están entre ellos, la separación de sus cuerpos y que el cuerpo de cada uno de ellos tenga un final, seguido del vacío, un vacío infranqueable. Cuando usted me hablaba, algunas tardes, de su país y que yo le hablaba del mío, que camináramos a través del suyo con el pensamiento o que camináramos físicamente por el mío, podría llegar a decir que a veces ese vacío había desaparecido y que ya no éramos dos personas ni había dos países :−porque más allá de los dos países, más allá de todos los países, más allá de nosotros mismos, quizás exista el País (perdido, luego reencontrado, luego perdido nuevamente, luego reencontrado por un instante): donde hemos tenido un Padre y una Madre en común, donde el gran parentesco de los hombres se vislumbra por un instante. Es posible pensar que todas las artes tienen como fin volver a vislumbrar ese parentesco, y nada más; ¿acaso no es hacia lo que tienden las palabras que se escriben, los cuadros que se pintan, las estatuas que se tallan o se funden en bronce, hacia eso y a nada más? Alcanzábamos a scr quizás por un instante el hombre de antes de la maldición, de antes de la primera bifurcación cuyas ramificaciones conllevaban una nueva bifurcación, y esta a su vez otra, y así hasta el infinito, de manera que al final cada hombre está solo en su pequeño tramo de sendero, donde siente que nada ha llegado a buen término, nada ha eclosionado, nada es completo, nada es perfecto; porque ninguna música es perfecta, ningún libro, ningún cuadro; y cualquier trabajo es arduo en un principio, cualquier trabajo es difícil, cualquier trabajo, toda clase de trabajo se hace primero contra nosotros mismos y contra Alguien, −hasta que en ocasiones excepcionales, por una especie de inversión, interviene la bendición, hay esa colaboración con Alguien, hay esa posibilidad de retorno, ese retorno, ese "reencuentro"...

¿Se acuerda usted también de ciertas tardes en que subíamos juntos por las viñas? Al pie de los muros, bordeando el camino, el agua de los riachuelos era tan pura que parecía inexistente, no siendo más que un ligero temblor como alas de libélula, corriendo sobre las piedrecitas que cubrían el fondo de su lecho. Una extraordinaria pureza envolvía todo lo que estaba a nuestro alrededor, que veíamos como a través de un cristal bien lavado; por encima de los muros teñidos de azul, asomaban los nuevos rodrigones que eran blancos, y los viejos que eran como piedra. Recuerde, en aquella primera primavera, la extraña transparencia del aire, donde todos los colores eran aéreos, móviles, como intercambiables, como sin peso a nuestro alrededor. Era esa comarca dulce y alejada que empieza a media altura del monte que domina el lago y la ciudad de Morges; la tierra era de un gris rosado, los melocotoneros apenas más rosados, los muros de las viñas de dos colores, de un gris amarillo y de un gris azulado (sol y sombra). Se veían aquellos pueblecitos encantadores con sus casas colocadas en línea de este a oeste a través de la pendiente, casas bajas, también grises, grises o blancas bajo sus tejados grises o de un marrón deslavado, apagado, y con contraventanas verdes. Había, en el límite de las viñas, pequeños cementerios totalmente negros a la espalda de los que se alzaba finalmente cerrando la vista, con sus repliegues y sus hondonadas, la región de los prados y de los campos, variada, exuberante, rica en vergeles, en ricas granjas, en ganado mayor, en lecherías y en fuentes. Ya no era la grandeza un poco abrupta de Lavaux, no era su unidad, ni su hermosa masa arquitectural; pero el conjunto resultaba más íntimo, más acogedor, más suave, más fácil de acceso. El lago, visto de lado, situado menos inmediatamente por debajo, más extendido también, sobre todo hacia poniente, parecía a veces, allá a lo lejos, no tener orilla; amplio, un poco lúgubre, pero tan tranquilo, envuelto en los vapores de lujosa seda bien tensada que el calor despedía a lo lejos y que terminaban por ascender en forma de globos.

El pequeño café en el que entrábamos estaba vacío. Solo en un rincón, un viejo borracho bebía bajo un cartel que representaba una vendimiadora, y medallas de oro y plata en trampantojo. Aquellos personajes le encantaban a usted, con sus gorros de piel de conejo, sus pipas de caño corto, sus medias barbas. Yo le explicaba que la mayoría eran cazadores de topos de profesión y que ejercían su oficio por la mañana. A esos personajes les gusta el alba. Se les ve salir de los bosques en la claridad rosada del amanecer, y ellos mismos son rosas bajo el cielo rosa, con gotas de rocío colgándoles de cada pelo y zapatos brillantes (es por lo que no tienen necesidad de untarles betún). Cuentan con la temprana mañana para embellecerlos, como lo hace la mañana generosamente, y también cuentan con ella para que la tierra se reblandezca allí donde ellos escarban para colocar sus trampas; luego se les ve, tan pronto como la tierra empieza a humear, fumando; se secan al mismo tiempo que la tierra se seca, al mismo tiempo que la tierra tiene sed, ellos también tienen sed. ¿Qué decirle más, Stravinsky? Usted los comprendía aún mejor que yo, lo demostró más tarde, en particular cuando hablaban solos en su rincón, como solían hacerlo a menudo: esos cazadores de topos de pueblo, esos viejecitos de corta barba gris, sentados ante sus dos decilitros de vino y su vasito acanalado, lleno de un líquido blanco, vaciado, rellenado, vaciado de nuevo; −un líquido

45

blanco como agua, lo que le atribuía un aire de inocencia; —inhalando sorbo tras sorbo hasta vaciar la botella, y luego lo único que les quedaba era lamer el vaso, relamerlo, y así hasta el anochecer...

V

Fue hacia esa época que Stravinsky dejó la villa con la torrecilla y el tejado de pizarra en la que había vivido en las afueras
de Morges y vino a instalarse, a la entrada de la ciudad, en el
segundo piso de una hermosa casa de finales del siglo XVIII
o de principios del XIX, que aún podemos admirar y es uno
de sus más bellos edificios. Allí tenía a su disposición amplias
habitaciones bien distribuidas, una de las cuales era un gran
salón con tres ventanas donde había podido colocar por fin
sin que estorbara, un mobiliario que se había vuelto invasivo.
Aquel apartamento incluía, en el altillo, que era inmenso,
una habitación suplementaria que Stravinsky había acondi-
cionado en gabinete de trabajo al que se accedía por una
escalera de madera medio secreta, doblemente, triplemente,
parapetado de puertas, de las que no se sabía muy bien (y ese
era su lado divertido) si servían más a proteger al músico de
las incursiones de sus allegados o a estos últimos de la música
de aquel. Me inclinaría más bien por la segunda alternativa.
No se puede ocultar que, en efecto, aquella música se volvía
cada día más agresiva y más estridente, cada día menos me-
recedora de su nombre, al parecer, según la gente de bien (me
refiero al vecindario) "buena conocedora" sin duda, pero que
solo la concebía como "suave", como decía, o "armoniosa",
como decía también, o como menos matizada, en el sentido
que la palabra adquiere para los miembros (activos, pasivos
u honorarios) de nuestros coros masculinos cuyo arte consiste
esencialmente en dosificar los *pp*.[11] y los *ff*. en su justa propor-
ción. Ahora bien, era la época en que el carro de la novia de

---

[11] Abreviaciones musicales: *pp*. (pianissimo), *ff*. (fortissimo).

Las bodas entraba cada día en escena, rodando ruidosamente por el suelo de madera de abeto; la época en que, cada día, de pie en su carro, en aquel altillo de Morges, la novia lamentaba tener que cortar sus trenzas, lo que significaba la pérdida de su virginidad; – traduciéndose en ruidosos pesares que expresaba en ruso y luego en francés (que trataba al menos de expresar en francés, interminablemente). Era la época de *Las bodas* y de su orquestación que es, si no me equivoco, *ff.* de principio a fin; que incluso había sido pensada en su origen para ser grabada mecánicamente pero que debido a dificultades de orden técnico tuvo que ser finalmente confiada a cuatro pianos. Estos seguían desempeñando lo mejor que podían su papel orquestal, con una apuesta que puede parecer artificial, pero que, en lo que a mí respecta, encontraba y sigo encontrando muy justa, muy justificada, y muy "auténtica": porque en esa época, *Las bodas* llevaban por título *Las bodas campesinas*; y ¿quién no oye intervenir como anticipadamente, entre bastidores, las cajas de música gigantes, que están de moda desde los tiempos de Beethoven y gracias a Beethoven (la gente tiene tendencia a olvidarlo) en nuestros pueblos, y en las que los amigos de los novios echan unas monedas para animar al público? El carro de la novia entraba en escena y estallaba enseguida la más "adecuada" de las músicas (en el verdadero sentido de la palabra, pero que lo era poco en el sentido indirecto) – de manera que los vecinos, ignorándolo todo del propósito de aquella música, podían quedarse sorprendidos, y con razón, y de hecho se sorprendían. Cuando se miraba por la ventana, por todas partes se veía un pulcro orden, limpieza, esmero, conveniencias perfectas, –todos los aspectos de un paisaje medio ciudadano medio campesino, y además lacustre, hecho de prados, de campos y de viñas, con una buena parte de agua: a la izquierda el campanario, un poco más a la izquierda, el lago; enfrente se veía, por encima de la plaza, una fila de casas en una calle larga y ancha; luego una sucesión de tejados escalonados de un bonito color marrón tostado como la corteza del pan, mientras que por detrás, a la derecha, la comarca iba subiendo suavemente hacia el Jura con sus vergeles y sus viñas. Comarca tranquila, pero un poco soñolienta; comarca bien limpia, bastante coqueta, placentera además, pero donde se sentía reinar por todas partes la misma vida bien ordenada, activa pero sin excesos, fiel a muchísimas costumbres, bastante hostil a cualquier novedad; es decir muy razonable: ahora, hay que admitir que esa música era poco razonable, o lo era de una manera muy distinta, cuando salía por la ventana invadiendo la plazuela que se veía entre dos o tres árboles parecidos a repollos y donde las mujeres tricotaban sentadas en la acera a la sombra.

A ratos alzaban la cabeza:

... Trenza, mi madre te había trenzado por la noche,
te había peinado con un peine de plata,
te había peinado,
te había trenzado...
¡Pobre, pobre de mí!
pobre una vez más ...

El piano tronaba (con acompañamiento de címbalos tan pronto como una de las manos del intérprete se encontraba libre): las mujeres alzaban la cabeza, luego se miraban entre ellas y sin duda se decían algo, pero no había manera de oírlo: el piano armaba demasiado jaleo. Competía incluso con la sierra de cinta del carpintero, los motores de un taller mecánico; y, si busco dónde debería haber encontrado algún parentesco y dónde debería haber sido acogido con simpatía, no pienso en un despacho de notario ni en uno de esos apartamentos burgueses que abundaban alrededor, ni en las mujeres en la acera, ni en los transeúntes con elegantes sombreros de paja recién estrenados: pienso en esas fábricas cuyas máquinas se ponían a funcionar de golpe a pleno rendimiento como poseídas por un deseo de emulación; las bielas entrando en movimiento, los volantes echándose a girar, las correas de transmisión patinando sobre sus poleas; las paletas bullendo y los engranajes desgranándose; teniendo cada órgano de la máquina su ruido particular y su velocidad particular, mientras que de aquellos elementos sonoros superpuestos y de su superposición misma, nacía algo como un ritmo nuevo, cuya resultante era simple, persistente, los factores múltiples y contrariados.

Lo mismo ocurría con la partitura. Los coros se superponían a los coros, los soli[12] a los soli, los coros a los soli, los soli a los coros. Apenas la novia había terminado de lamentarse que ya intervenían las amigas de la novia, luego el padre y la madre, luego todos los otros personajes a la vez; la música, siendo arrastrada de un extremo a otro por una corriente única, era como un torrente de montaña que al chocar contra los obstáculos se precipitaba con más violencia, más irresistiblemente...

---

[12] "Soli" forma plural de "solo", es una indicación para que el solista interprete el pasaje de una composición junto con toda una sección de la orquesta.

Se llamaba Nastasia, Nastasia Timoféïevna. Él se llamaba
Fétis, Fétis Pamphiliévitch. Los amigos de los novios cantaban:

Señor Fétis Pamphiliévitch
un bello árbol hay en su jardín;
en el bello árbol un ruiseñor canta.
¿No es cierto que canta para que ella esté contenta,
le canta de noche, le canta de día,
a tu Nastasia de por vida,
desde allá arriba le canta sus amores...

Luego, dirigiéndose a Nastasia:

Canta para ti, Nastasia Timoféïevna,
Canta para ti y cantará para ti,
No interrumpirá tu sueño,
Te despertará para la misa...
Raï, raï, canta, pajarito, canta...
Raï, canta en tu rama,
empieza a cantar, y vuelve a empezar,
para que Nastasia esté contenta.
Cántale, pajarito, sus amores:
sus amores siempre durarán.

Siento alargarme tanto con estos textos quizás sin interés
(sobre todo traducidos). Quizás vayan a quedar como desin-
flados, vaciados de su sustancia viva, como ropa sin cuerpo.
Pero, al tenerlos ante mí escritos a lápiz, en unas hojas ya
amarillentas, no puedo evitar, por mi parte, verlos revivir tal
y como vivían en la música y gracias a la música, hace diez o
doce años, durante unas preciosas tardes de verano.

Los personajes apoyan el codo en alguna parte o no, están agrupados o no lo están; están callados, luego hablan todos a la vez, y luego se callan; y se oye la invocación a la Santa Madre, después la invocación a los Santos; esperanza y pesares se mezclan, la experiencia de los ancianos se expresa bajo forma de proverbios, la burla participa en el acto, los chistes vuelan. Y, de nuevo, los mozos cantan:

Deprisa, amigos, vayamos corriendo
a los tres mercados de la ciudad
y allí
conseguiremos
una botella de aceite superior,
para hacer brillar
los bellos rizos del joven rizado,
para hacer brillar
los rizos rubios del novio...

Y esto no para, no quiere pararse; los mozos siguen:

Así que, Nastasia, cuídalos
y, al Rizado, trata de cuidarlo también...
Y honor y gloria a los padres
porque el padre y la madre han hecho un hijo perfecto...
(caed en orden, rizos rubios,
alredor y por delante) ...
orgulloso, razonable, obediente ...
por todas partes, por todas partes
incluso en Moscú,
todas las chicas corrían a abrazarle.

Y todo el mundo:

Y tú, Santa Madre, sé buena,
Santa Madre ven en persona,
ven con nosotros, quédate con nosotros.
Muy Santa Madre de Jesucristo,
y los Apóstoles, y los Ángeles también ...
San Cosme y San Damián, venid con nosotros.
San Cosme, herrero, elige tus mejores clavos.
Fórjanos estas nupcias, San Cosme, fórjanoslas,
fórjanoslas bien fuertes, fórjanoslas bien duras,
de manera que las nupcias duren
hasta el final de nuestros años
y hasta nuestros nietos ...

Y la invocación se prolongaba hasta el final de la primera parte, mientras que en la segunda asistíamos al banquete de bodas. Se veía alzarse el telón de fondo, mostrando una amplia habitación de isba ocupada casi enteramente por una mesa alrededor de la que estaban sentados los personajes, comiendo y bebiendo. En segundo plano, una puerta abierta dejaba ver una cama de matrimonio cubierta con un enorme edredón de plumón. Pero los personajes no se limitaban a comer y beber, porque cantaban, lo cual no les impedía ni comer ni beber. Comían, bebían y cantaban al mismo tiempo y todos juntos, en una magnífica confusión, que solo aparentaba serlo porque, por encima, sosteniendo todo el sistema, reinaba el cálculo más preciso. En cierto momento, no había menos de cuatro textos (literarios y musicales) que a veces se sucedían por interferencias, a veces se mezclaban unos con otros, y a veces se resolvían en una suerte de unísono; −pero el colmo del desorden se encontraba siempre coincidir exactamente con el orden más estricto y una matemática aún más severa especialmente porque la materia sonora parecía escaparse de allí; me acuerdo, yo mismo tuve que aclararme (nada fácilmente aunque solo me correspondía poner en su sitio las sílabas) y con complicaciones de compás que suponían verdaderas operaciones aritméticas para encontrar un denominador común. Al texto, sin embargo, tampoco le faltaban precisiones:

> *... Ama bien a tu mujer,*
> *ámala como a tu propia alma,*
> *hazla temblar como a un ciruelo ...*

Los consejos más realistas irrumpían descaradamente en medio de los más hermosos desarrollos de la retórica campesina:

> *Hay dos flores en una rama, una roja, otra blanca...*
> *Y el señor Fétis es la flor en la rama*
> *y Fétis es la roja, Nastasia, es la blanca...*

Y de repente, sin transición:

> *Tú, mujer, siembra el lino...*
> *Tendrás que cuidar de que su ropa esté bien limpia,*
> *las camisas, los calzones;*
> *estar en la bodega y en el granero;*
> *vigilar a los obreros;*
> *de la mañana a la noche estar de pie,*
> *cortar la madera... ¡Clac!...*

Entonces, el amigo del novio elegía entre los invitados a un hombre y a su mujer, y los mandaba ir a calentar la cama de los jóvenes recién casados, mientras que las mujeres cantaban:

Él ha dicho así: "Allá voy".
Ella ha dicho así: "Tómame".
Él ha dicho así: "La cama es muy estrecha".
Ella ha dicho así: "Nos las arreglaremos".
Él ha dicho así: "Sabes, las sábanas están frías".
Ella ha dicho así: "Las calentaremos..."

Todo muy preciso aquí también, como puede verse, ni siquiera le faltaba a la escena el viejo borracho de por aquí, con su canción nunca empezada y nunca acabada; soltando por intervalos un sordo gruñido subterráneo, una especie de hipo que estaba hecho de sílabas que pertenecían a palabras, las palabras a un verso, ese verso igualmente pertenecía a una frase, a frases, de forma que el viejo borracho desgranaba interminablemente sus propias opiniones y su propia historia, solo en un rincón; idéntico a cualquiera de nuestros cazadores de topos, sentado delante de su botella de medio litro, la cabeza cubierta con su gorro de piel de conejo, con su media barba; idéntico a cualquiera de los personajes con los que tan a menudo nos habíamos encontrado en el transcurso de nuestros paseos, en los cafés de los alrededores. Quizás ya no le guste mucho *Las bodas*, Stravinsky: está en su derecho; mi derecho, el mío, es que me sigan gustando. Quizás ahora repruebe usted un poco lo que esta música tiene de impulsivo, de no domeñado, aparentemente al menos, o de pintoresco; quizás, por haberse situado usted posteriormente, más íntegramente bajo el signo de Apolo, hoy censure lo que aún puede deberle esta música a "Dionisos". Digo bien que está usted en su derecho, pero para mí, que he permanecido más naturalista que usted o naturista, mi derecho es el de seguir admirando, en el recuerdo, las espectaculares tormentas que desencadenaban, durante muchas largas tardes, estas *Bodas*, por encima de la plazuela donde sin embargo la gente seguía paseando sin inmutarse y donde las mujeres que alzaban la cabeza terminaban por decirse sin duda con indulgencia: "Es el señor ruso", sin darle importancia, porque hay muchas cosas que estarían prohibidas a los lugareños y que están permitidas a los extranjeros. Para ellas, usted era un extranjero; ¿puedo decir que para mí usted era justo lo contrario? Usted era la representación exacta de mi país, quizás no tal y como era, sino como me hubiera gustado que fuera. Pensaba que muchas cosas en él le eran permitidas, no porque usted fuera un extranjero, sino porque, muy exactamente a la inversa, usted no podía ser un extranjero en ningún lugar sobre la tierra, al relacionarse usted libremente con las cosas, con los hombres, con la vida, al no estar en ningún sitio separado de los seres, y del ser, lo que es la más grande de las cualidades. Por eso está escrito que al que tiene se le dará más[13].

[13] En la Biblia: San Mateo 13.

VI

La historia del soldado nació un poco más tarde, de preocupaciones de naturaleza muy diferente y mucho más oportunistas. Era 1918: nadie sabía cuándo terminaría la guerra. Las fronteras se cerraban cada vez más estrechamente a nuestro alrededor, lo que le creaba a Stravinsky una situación cada vez más difícil. Los Ballets Rusos habían suspendido su actividad; los teatros no abrían o como si no abrieran. Yo mismo sufría mucho de la imposibilidad en la que estaba de encontrar "salidas" como se dice en el ámbito de los negocios. Y recuerdo que un día nos dijimos, cándidamente, Stravinsky y yo (en resumen): "¿Por qué no ir entonces a lo más simple? ¿Por qué no escribir juntos una pieza que pueda prescindir de una gran sala, de una amplia audiencia, una pieza cuya música, por ejemplo, estaría compuesta para pocos instrumentos y tendría solo dos o tres personajes? (este cálculo era completamente erróneo, no cabe duda, —y se verá más tarde por qué). Puesto que ya no hay teatros, tendríamos nuestro propio teatro, es decir, decorados que podrían montarse fácilmente en cualquier local, incluso al aire libre; retomaríamos la tradición de los teatros sobre caballetes, de los teatros ambulantes, de los teatros de feria ... De esta forma podríamos explotar todo tipo de público, sin demasiados gastos ..." *La historia del soldado* nació de estas consideraciones prácticas o que pretendían serlo, que lo eran poco. *La historia del soldado* tenía que ser un negocio, un buen negocio: nunca fue un buen negocio, ni siquiera un negocio a secas. Creo, sin embargo, que, a nuestros ojos, la obra debía cierta ingenuidad a la propia naturaleza de las preocupaciones que la justificaban.

Su mérito (si tiene uno) es que no tuvo como punto de partida preocupaciones estéticas, que no buscó ser la expresión de una doctrina, que no se parece en nada a un manifiesto, que se lo debe todo a la ocasión. Crear una pieza (en el sentido amplio), fácil de interpretar, que nos perteneciera (a pesar o a causa de las circunstancias); de alguna forma, darles la vuelta a las circunstancias adversas y beneficiarnos del apoyo que nos brindaban sin darse cuenta: *La historia del soldado* fue una pieza de circunstancias (en plural) y muy auténticamente nacida de ellas, lo que naturalmente los espectadores no comprendieron (la explicación era demasiado simple). Cada uno de nosotros dos solo buscó seguir siendo lo que era y sacar partido de su personaje sin forzarlo. Al no ser yo un hombre de teatro, le propuse a Stravinsky escribir, más bien que una pieza, en el sentido propio, una "historia", haciéndole ver que el teatro podía concebirse en un sentido mucho más amplio que el habitual y amoldarse perfectamente, por ejemplo (sigo pensándolo), a lo que podríamos llamar el estilo narrativo. Para Stravinsky, acordamos que él concebiría su música como algo que podría ser completamente independiente del texto y constituir una "suite", lo que le permitiría ser interpretada en concierto. Quedaba por encontrar el tema: nada más fácil. Yo era ruso: el tema sería ruso; Stravinsky era vaudés (en aquel tiempo): la música sería vaudesa. Solo tuvimos que hojear juntos uno de esos tomos de la enorme compilación de un ilustre folclorista ruso cuyo nombre he olvidado; y, entre tantos temas, dichos populares, donde el Diablo interpretaba casi siempre el papel principal, el del Soldado y su violín, por muchas y distintas razones (incluso de su incoherencia), nos gustó de inmediato. Enseguida, pensé en esos pantalones de badana que llevaban entonces nuestros soldados de tren (llamados "tringlots"[14]), y no podía no ser admirable sentar a uno de aquellos soldados con su saco de pelo a la orilla de uno de nuestros arroyos mientras se asume que está en lo más profundo de Rusia, hacerle tocar el violín como si el instrumento hubiese oficialmente formado parte del equipaje federal. Por su lado, Stravinsky, había otorgado un lugar privilegiado en su pequeño conjunto musical al trombón y a la corneta de pistones, muy apreciados en todas nuestras fanfarrias; y en un lugar incluso más importante, al bombo, a la caja plana, a los tambores, a los címbalos, que son los preferidos de aquellas.

Desgraciadamente, nos dimos cuenta, una vez escrita la pieza (música y texto), y escrita rápidamente, de que las dificultades no habían hecho más que empezar. *La historia del soldado* existía realmente (sobre papel), pero todavía seguía siendo necesario que fuera interpretada, puesto que estaba hecha para ser interpretada. Algunas obras musicales o dramáticas se conforman muy bien con el hecho de existir solo en librerías y llegar al público solo a través de la edición: nosotros teníamos la idea de que *La historia del soldado* correspondía más a la tradición oral que a la escrita; convenía pues que entrara directamente por los ojos y por los oídos, para lo cual, ante todo, necesitaba decorados. En este punto, estábamos de suerte: Auberjonois se ocupaba de ello (y de los trajes); teníamos incluso la gran suerte de contar con un jefe de orquesta, puesto que Ansermet estaba a nuestra entera disposición; –pero, ¿y los músicos, los actores? ... Nos estábamos dando cuenta un poco tarde de que la manera más práctica de proceder habría sido trabajar

---

[14] Soldado del regimiento de tren encargado del aprovisionamiento.

a partir de un género consagrado, es decir de costumbres que son a la vez las del público y de los que tienen como oficio divertir a este último; que innovar, incluso "simplificando", era, de entrada, complicarlo todo. Solo teníamos una pequeñísima orquesta de siete músicos, pero esos siete músicos, y precisamente porque eran solo siete, se hallaban pertenecer necesariamente por esa razón a la categoría de solistas. Nos encontrábamos de repente en presencia de personajes que no encajaban precisamente en ninguna categoría de actores porque pertenecían a todas, aunque no fueran más que tres; –primero había un Lector, una nueva categoría (el lector fue encontrado por milagro, e incluso el mejor de los lectores); luego estaba el Soldado que ocupaba la escena la mayor parte del tiempo sin decir nada; estaba el Diablo que era a veces hombre y a veces mujer, que era todos los tipos de hombres a la vez, es decir que no solamente tenía que ser actor, sino también mimo; estaba finalmente la Princesa, que no decía absolutamente nada, pero que bailaba (géneros opuestos, géneros contradictorios).

Todo esto no impidió que tuviera lugar la primera representación de *La historia del soldado* sin demasiados retrasos, en septiembre de 1918, en Lausana: estamos en deuda con todo tipo de colaboraciones desinteresadas a las que solo puedo hacer alusión aquí, pero cuyo recuerdo nos sigue siendo profundamente entrañable. Elie Gagnebin, que es paleoantropóloga (paleontóloga) de oficio, era el Lector. El Diablo estaba interpretado por dos actores, de los cuales uno de ellos, Jean Villard, que está ahora con Copeau[15],

---

[15] Jean Copeau, fundador del teatro del Vieux-Colombier (1913) y de una escuela de arte dramático en París.

iniciaba, aquella tarde, sin saberlo, su carrera teatral. El Soldado era un estudiante de Letras suizo: Gabriel Rosset. La otra mitad del Diablo (si puedo llamarlo así) era Georges Pitoeff y la Princesa era la señora Pitoeff (ambos en Ginebra, afortunadamente, y que aceptaron con agrado ceder a las exigencias de los dos papeles, un poco alejados de sus atribuciones, pero no de su competencia). El clarinete, el contrabajo, la trompeta, venían de Zúrich; el violín de Ginebra, otros instrumentos de otros sitios. Ansermet, él, había bajado de la montaña. Cerca de donde estábamos, solo pudimos encontrar al pintor, y los únicos que no tuvieron que desplazarse (o poco) fueron los autores (nosotros). Así que el espectáculo tuvo lugar, bien que mal, el día y a la hora fijada (las nueve, una hora muy tardía para Lausana, pero la representación ni siquiera duró dos horas, y de alguna forma teníamos que llenar la tarde). Por otra parte, habíamos decidido que, habiendo sido constituida la "compañía" de teatro, incluyendo los músicos, otras representaciones tendrían lugar en otras ciudades; se reservaron salas, incluso se colocaron carteles; –parecía a todas luces que íbamos a ver realizado, de manera, a decir verdad, un tanto peculiar, nuestro proyecto de teatro ambulante. No habíamos previsto que su modestia fuera a hacerle sombra a acontecimientos conjugados. Porque hubo primero la gripe, aquella famosa gripe española (fue así cómo se la bautizó por eufemismo, porque fue en realidad una horrible peste que mataba en tres días a los más fornidos jóvenes): y, simultáneamente, dejó de haber músicos, actores, acomodadoras, maquinistas, y teatros; – luego hubo el armisticio, hubo en la provincia misma huelga de trenes, hubo alrededor de este pequeño país un exceso de revoluciones, un extraordinario desenfreno de desórdenes de toda clase; – y es así cómo nuestra caravana nunca rodó sobre sus propias ruedas, es así cómo nunca le enganchamos el tractor (con trompa, claxon y otros accesorios) con el que soñamos verla un día.

VII

Hemos vivido juntos muchos grandes y pequeños acontecimientos; y entre los grandes acontecimientos, algunos incluso de los que se llaman "históricos". Hemos vivido juntos la historia (en singular y con artículo definido), no solamente una historia o historias. Me acuerdo en particular del día en que recibimos la noticia de la revolución rusa (la primera) y del fuerte cierzo que soplaba aquel día bajo un cielo intensamente azul. Íbamos subiendo por el Petit-Chêne; íbamos del norte hacia el sur. Íbamos caminando contra aquel cierzo; soplaba con tanta fuerza que impedía avanzar a las mujeres y hacía chasquear sus faldas (que llevaban todavía largas), enrollándoselas en las piernas. Nos cortaba la respiración. Stravinsky me hablaba de Rusia, de repente se quedaba callado, luego hablaba de Rusia. Se veía forzado a callarse, agachaba un instante la cabeza; volvía a alzar la cabeza, me hablaba de Rusia. Todo parecía recomenzar para ella, en efecto, en aquel nuevo comienzo de estación. Aquel gran cierzo soplaba; era como si, transportada por él, Rusia viniese hacia nosotros, rompiendo su propio invierno; y lo iba empujando fuera de ella, por eso había aquellas ráfagas de aire helado, pero completamente penetradas por un sol radiante. Stravinsky me hablaba de Rusia; ya había tomado la decisión de volver. Hacía planes de viaje. Su sitio estaba "allí", ahora que aquel "allí" iba a ser también su hogar. La verdadera Rusia iba por fin a mostrarse frente a los ojos del mundo, una Rusia nueva, pero que sería al mismo tiempo la antigua, –eclosionada por fin, realizada, sacada de su largo sueño, resucitada de su propia muerte. La Gran Rusia de todos los rusos, la de Pushkin, la de Gógol, la de Músorgski, incluso la de Tolstói, la de *Diario de un escritor*, la santa Rusia de los ortodoxos, una Rusia desembarazada de sus vegetaciones parásitas; su burocracia venida de Alemania, cierto liberalismo inglés muy de moda entre la nobleza, su cientifismo (¡qué pena!), sus intelectuales, su creencia simplona y totalmente libresca en el progreso; −la de antes de Pedro el Grande y del europeísmo, que así iría primero hacia atrás para ir mejor hacia adelante, habiéndose consolidado en sus bases; una Rusia campesina, pero ante todo cristiana, y verdaderamente la única tierra cristiana de Europa, la que llora y ríe (llora y ríe a la vez sin saber muy bien si hace lo uno o lo otro) en *Las bodas*, la que vemos nacer a ella misma confusamente y magníficamente cargada de impurezas en la *Consagración de la primavera*. Es esta Rusia la que nos parecía ya avanzar desde el plano de la expresión en el que existía bien, pero solo bajo forma de figura, al plano de una existencia enteramente realizada, con su territorio mayor en sí mismo que todo el resto del continente, con sus ciento cincuenta millones de almas. Digo: nosotros, porque compartía entonces las esperanzas (y las ilusiones) de Stravinsky, porque las comparto con él aún hoy en día, a pesar de los acontecimientos; en mi condición de hombre de Occidente, incluso de Extremo-Occidente, creo que la salvación vendrá aun así (algún día) de esa otra extremidad de Europa. Digo nosotros, como antes decía nosotros, y aunque un poco más tarde asistiéramos, incluso de muy cerca, a la partida de Lenin en su vagón de tren sellado[16]; aunque Stravinsky, por otra parte, no volvie-

---

[16] Después de más de una década de exilio, el 9 de abril de 1917, Lenin partió de Zúrich con destino a Petrogrado (San Petersburgo) en un "tren sellado" para liderar la revolución bolchevique.

ra a Rusia, y probablemente nunca vuelva. El tiempo del hombre es poca cosa en la historia. La partida de Lenin y su triunfo, ya solo aparecen, en este sentido, como un paréntesis. Nunca perdimos la esperanza, ni Stravinsky ni yo, a pesar de las turbulencias superficiales, de lo que es el fondo, la clase de abajo, la clase silenciosa de debajo de ese gran pueblo (uno de los pocos merecedores aún de este hermoso nombre); esa inmensa y secreta "reserva de inocencia". Una de las características de Rusia, una de sus bellezas también, independientemente de la doctrina que adopte, reside en su extremismo, pues se encuentra, además, geográficamente hablando, en el extremo de Asia, a la vez que está en el extremo norte y en el extremo sur. Es extrema y extremista, o, como se dice en política, radical (dándole al término su pleno sentido): ¿cómo no sorprenderse entonces de que uno de sus "radicalismos" (el último) haya sido de índole libresca, totalmente escolar, seudocientífico, marxista, ateísta, automatizante? Es una crisis que debía padecer, y de la que ya nadie se sorprende incluso cuando se piensa en los innumerables refugiados políticos y en los miles de estudiantes melenudos que vivían desde hacía tiempo en los barrios de la orilla del Arve[17], y esto hablando solo de Ginebra. Un cierto sentido de la justicia que les era propio (sin lo absoluto que supone), un cierto sentido de una justicia relativa o relativista y aplicando sanciones absolutamente terrestres, pero transmutadas ellas mismas, por parodia, en un absoluto; un mundo enteramente mecánico (en el menor sentido), un mundo sin secretos, un mundo

---

[17] Afluente del Ródano que pasa por Suiza y Francia. Los barrios más ricos de Ginebra están situados junto a la orilla del Arve.

que puede, pues, aprenderse: entonces surge la pasión de aprenderlo; toda una inmensa fe (por supuesto) desviada, a la cual todo es sacrificado: y Lenin solo tiene que aparecer: maniaco del extremismo y del absolutismo, santo al revés, santo sin Dios. Pero, ¿habría triunfado Lenin en su intento, habría incluso sido posible ese intento, si la sociedad moderna y occidental, por otra parte, no hubiese impulsado y, en definitiva, compartido su fe (no tan rotundamente, lo que fue su debilidad, la de ella) ?, ¿si no hubiese estado, ella misma, profundamente mecanizada, o sido mecánica; si no hubiese ya transformado a un gran número de hombres (para provecho de unos pocos) en auténticas máquinas? Lenin se apoya instintivamente en el obrero y en el obrero de fábrica, ‒en un principio, solo intenta actuar gracias a él; solo más tarde y con otros métodos, tratará de llegar al campesino. Maniaco del cálculo, pudo en efecto "calcular" al obrero; pero ¿acaso no sería que el obrero ya había sido reducido (por otros) a no ser más que una cantidad, a existir solo como cantidad, como unidad dentro de su cálculo? Además, la calidad subsiste. Si momentáneamente no tiene expresión, perdura en algún sitio, secreta y subterránea, como la simiente que espera el agua. La Revolución rusa se hizo: ahora hay que esperar a que se deshaga o que se rehaga, y precisamente con medios completamente opuestos a los que empleó para hacerse: orgánicos, secretos, celulares, vividos en el fondo de un corazón, y de otro, y de otro más, por proliferación en toda la extensión de un gigantesco territorio: trabajo interior, trabajo mudo, trabajo minucioso: es la razón por la que, sin duda por ahora, Rusia parece tan callada, es la razón por la que parece tan inmóvil alrededor de las ruinas de su primera esperanza.

VIII

Hablábamos de esas cosas yendo por los caminos de la región. Stravinsky no la había dejado aún; siguió siendo vaudés hasta 1920. Hacía dos años que la guerra había terminado. He de señalar aquí que, a pesar de su final feliz, distaba mucho de estar a la altura de nuestras expectativas y de las nobles ilusiones que superabundaban en nuestras conversaciones y los artículos de periódico a nuestro alrededor. Por todas partes se oía decir y se leía con frecuencia que el final de esta guerra iba a ser el final de todas las guerras. Los hombres habían combatido durante demasiado tiempo y con demasiado ensañamiento como para que no terminaran siendo capaces de reconocer que había sido su "error", lo que la gente llamaba su error. La guerra acababa de terminar: íbamos a asegurarnos de que fuera la última de todas las guerras. La opinión general era que bastaría con desearlo para que ese maravilloso deseo se hiciera realidad. Hemos visto el mundo tratando de volver (difícilmente y no sin violentas sacudidas) a la llamada vida normal; la vida en tiempos de paz y una era de paz nueva que esperaba perpetua; −no viendo o no queriendo ver, tan grande era su necesidad de consuelo, que la guerra iba solamente a cambiar de lugar, que todo lo que hace es cambiar de lugar, y, en este caso concreto, que iba a dejar de ser militar, pero sin haber abandonado el corazón de los hombres; no enfrentando ya (por algún tiempo al menos) las naciones unas a otras, pero sin cesar de enfrentar (es lo que se llama paz) los individuos a los individuos dentro de las naciones, una de las mitades del hombre a la otra mitad, dentro del hombre. ¿Dónde está la verdadera paz? ¿Cómo conseguiría encontrar un lugar en la tierra? Yo sé que la buscaba, usted también, y que ya discernía que esta paz solo podía hallarse en su fuero interno...

Hablábamos juntos de estas cosas, recorriendo los caminos. Usted hablaba y yo me callaba; yo hablaba y usted se callaba. Íbamos por los caminos a la orilla del lago, o por los viñedos; a veces también salíamos a pie para hacer excursiones de varios días. Usted llevaba un gorro militar, zapatos con suela de tacos, un bastón con punta de hierro, una camisa de franela; —hablábamos de esas cosas, también hablábamos de su arte. Se le ha reprochado a menudo, como si se tratara en usted de un prejuicio, la violencia de sus antipatías, digamos de sus odios; conviene señalar en primer lugar que sus gustos, digamos sus amores, no eran menos apasionados, lo que equilibraba la balanza. Habría que considerar además que el artista o el creador (la palabra es un poco llamativa, pero el matiz que traduce es particularmente apropiado aquí) tiene, en este ámbito, derechos que el crítico no tiene. El papel de un crítico consiste en sopesar, clasificar, dosificar (verdades elementales); distinguir parentescos entre obras y autores; tiene que encontrar por todas partes los distintos grados de excelencia, elaborando así, sumando "cualidades" y restando "defectos", una clase de balance cuyo activo representaría un cierto grado de realización que es lo único que le importa; un crítico debe tomar la defensa de la colectividad misma y del patrimonio común; —lo que el artista defiende, es él mismo, su propia persona y contra la colectividad; y no tanto su persona presente o pasada como su persona futura, aún menos el que es que el que quisiera ser, y que espera ser. Cuestión de vida o muerte. No es tanto el amor hacia uno mismo, como se cree comúnmente, ni la vanidad lo que le mueven, sino el amor por algo que lleva dentro de él: amor que se muestra fácilmente belicoso y agresivo: porque hay que destruir al enemigo que merodea, no solamente en la generación presente sino en su ascendencia misma, debido a ese fenómeno de supervivencia que hace que en arte los muertos cuenten más que los vivos. El ataque es tanto más violento (lo que los otros llaman injusto) cuanto el enemigo tiene más fuerza: y no es que el artista niegue esa fuerza, como se cree; es más bien que la teme tanto más cuanto más real y más segura de sí misma la percibe. El artista defiende una naturaleza, su naturaleza. Hay muchas naturalezas en la naturaleza; lo esencial es que el artista tenga una. No cabe duda de que fue su propia naturaleza la que llevó a Stravinsky a ser anti Beethoven.

Nos apeamos del tren en Villeneuve; acabábamos de adentrarnos en la llanura del Ródano. Antiguas marismas, cuidadosamente drenadas, nos rodeaban. Los diques impedían que el río se desbordara; este guardaba en suspensión la enorme reserva de sus arenas de las que solo se desprendía en el lago, a nuestra derecha, y que, a lo lejos, coloreaban de blanco sus aguas azules. –Y, mientras que íbamos avanzando, pensaba que el público, sobre todo el público "culto", no muestra menos parcialidad que el artista, sin tener en ese campo los mismos derechos, y queriendo limitarse a ver, por ejemplo, en música, solo una de las extremidades de la música. Como si fuera la representación de toda la música, los conciertos han terminado por imponer a este público, cierta convención musical, en particular cierto patetismo, fabricado intencionadamente para personas de agradable compañía, gente sensible, pero no muy feliz y propensa a sufrir desengaños amorosos. Los profesores se sientan en el patio de butacas y los estudiantes en las tribunas: de lo que disfrutan, descansando la cabeza entre las manos, es menos de una materia propiamente musical (que es física, que es en primer lugar un disfrute del oído, a través de él, del cuerpo entero) que de los ecos ennoblecidos de sus propias desgracias. Para ellos, una música que manifiesta de antemano y perentoriamente no tenerlos en cuenta, deja de ser música. Para ser disfrutada, incluso para ser simplemente percibida, la música de Stawinsky implica (al menos lo implicaba antes) olvidarse de nosotros mismos, olvidarse de nuestro destino particular, indiferencia hacia nosotros mismos, la facultad de entregarse o de abandonarse, que aquellos individuos ni siquiera concebían. El público es esencialmente egoísta, en el sentido de que exige que la música le hable de sí mismo: esto es el origen de toda clase de malentendidos. No acepta que haya, fuera de su persona moral, una realidad, y en particular una realidad musical en la que esta persona moral no tiene cabida. No consiente admitir, por ejemplo, que esta realidad musical sea, en su origen, movimiento, movimiento plenamente corporal, y que, salido del cuerpo, regrese al cuerpo. No concibe que uno de los papeles de la música sea el de "poner en movimiento" el cuerpo en primer lugar, como en el baile, como en el caminar; después, y, solamente después y a través de él, los sentimientos y los pensamientos. O también, si llega a concebirlo, ve este papel como un papel secundario, e inferior, y como al margen, en lugar de ver que es elemental, esencial, primordial. No habíamos llegado aún al jazz-band, pero ¿es imposible no darse cuenta de que, más tarde, el jazz-band fue una auténtica revuelta de ciertas necesidades de la música? Y lo que yo distinguía con alegría en la música de Stravinsky era, aunque bajo una forma muy diferente, una revuelta o una revolución de misma naturaleza, es decir hecha en nombre de la música entera, contra una cierta clase de música, en el nombre de la música entera (en su pleno sentido), y en contra de todo lo que la empobrecía: veía que Stravinsky era anti-patético por respeto, anti-anecdótico por respeto, por respeto hacia esa materia misma; la preocupación por el estilo que mostraba no era aún en él más que otra clase de respeto ante esa misma materia: el de su pureza. Mientras tanto, nos habíamos adentrado a través la llanura, habíamos cruzado el río; y, mientras caminábamos, me asombraba una vez más, oyéndole y compenetrándome a ratos tan bien con él, el hecho de que sin embargo hubiésemos nacido a tres o cuatro mil kilómetros el uno del otro, él en el norte y a la orilla del mar, yo en el sur y a la orilla de un lago; él en una ciudad muy grande, con corte, palacios, y un rey, más que un rey, un zar (entonces), yo en una pequeña ciudad, en un país republicano, desde siempre y que guarda "resentimiento" por ello, como se dice, que guarda incluso quizás demasiado resentimiento; él hijo de un cantante de la corte, músico nacido en la música; yo, hijo, nieto y tataranieto de viticultores y de campesinos, de los cuales ninguno, que yo sepa, pensó jamás en "escribir" (música o prosa), ni siquiera que escribir pudiera ser un oficio; y para terminar, él ortodoxo, católico-ortodoxo y fiel a su religión, y yo nacido protestante y sin ningún interés por serlo ... todas las distancias abolidas, y suprimidas las diferencias, como si nunca hubieran existido.

Y además ni siquiera pensábamos que pudieran existir, porque el espectáculo cambiaba y nos había acaparado por completo. Acabábamos de llegar al pie de la gran cordillera que delimita al poniente la llanura del Ródano; de repente, esa cordillera se alzó ante nosotros a más de tres mil metros por encima de nuestras cabezas en la luz del mediodía, con sus pináculos de piedra, los tejados de estaño resplandeciente de sus glaciares. A medida que nos íbamos acercando, una sombra se iba desprendiendo de ella. Se inclinaba poco a poco hacia adelante y se arrastraba por la llanura. El terreno ante nosotros se había vuelto de dos colores: amarillo y azul. Y por encima de su punto de unión, la pendiente oblicua de la luz era como una escalera de madera flamante de la que uno de los extremos reposaba en el suelo y el otro al borde mismo de la alta cresta dentada, a ras de la cual el sol avanzaba aún rodando; al poco tiempo, fue engullido y desapareció para nosotros. Entramos inclinando la cabeza bajo el alero de sus rayos, y penetramos como en una casa sumida en la sombra; el clima cambió bruscamente: pasamos de caminar a la luz de la mañana a caminar en la oscuridad, pasamos de estar en verano a estar en el corazón del invierno, al tiempo que dábamos la espalda a la inmensa abertura que el lago, del que nos habíamos alejado, seguía haciendo a pesar de todo en el cielo, detrás de nosotros: donde había una orilla baja, juncos, vagones de mercancías abandonados en una vía muerta, una draga, una barca de vela, una pequeña isla con un sauce. Teníamos un barrilito de alerce que pedíamos que nos rellenasen de vino blanco en las fondas: bebíamos directamente del barrilito. Déjeme seguir contando este corto viaje porque me encantó, porque contándolo vuelvo a revivir aquel placer, el placer que usted mismo sintió y que recordará y volverá quizá a sentir leyéndome. Acuérdese de aquellas pocas casas (después de Monthey, en la orilla izquierda), aquellas casas escasas y dispersas, bastante extrañas, con graveras, un pescador de truchas, un perro ladrando, o bien detrás de los altos setos de vides, la chimenea de una fábrica echaba humo. A ratos, ¿se acuerda usted?, veíamos aparecer el Ródano completamente gris dentro de su amplio lecho pedregoso; dejábamos de verlo y lo volvíamos a ver. Ante nosotros, todo iba cambiando progresivamente por el acercamiento de las cordilleras: aparecieron entonces aquel desfiladero y aquella curva de San Mauricio como una puerta, en la solemnidad del lugar doblemente consagrado por la naturaleza y la historia, ilustre tanto por su ubicación como por sus mártires.

La puerta estaba abierta; se volvió a cerrar a nuestro paso. Nos encontrábamos ahora en el valle superior del Ródano, donde una nueva comarca sobresale en forma de cesta, para terminar a cincuenta kilómetros de allí, más al este. Seguíamos la carretera, bebíamos de cuando en cuando del barrilete. Por encima de nuestras cabezas y en lo alto de las laderas quemadas que teníamos a nuestra izquierda, el azul era intenso; allí, los viñedos se nos venían encima con sus muretes de esquisto al pie de los grandes peñascos que van hacia Sanetsch[18]. Trepaban de tirón hasta el centro del cielo, crece algo de hierba al principio de la primavera sobre los escalones que los separan, pero amarillea pronto por falta de lluvia, se vuelve marrón, rojiza, y luego violeta, de manera que ya no se sabe, cuando el sol cae sobre ella, si es él el que la colorea o si es ella la que le da su color al sol. Luego Sion se presentó ante nosotros. Sion había erigido

---

[18] El paso del Sanetsch es un paso de alta montaña en Suiza que cruza los Alpes berneses y occidentales y conecta Gsteig en el cantón de Berna y Sion en el cantón de Valais.

desde el centro mismo de la llanura sus dos altos picos rocosos, uno de la cuales es militar, el otro consagrado a Dios, uno conserva las ruinas de un castillo fortificado, el otro los restos de una basílica.

Bebíamos del barrilete. El Ródano abrazaba estrechamente la carretera. Haciéndose a un lado, el río la empujaba contra la pendiente, obligándola a trepar, y la carretera tenía cuidado de no volver a bajar hasta sentirse fuera de peligro, cuando el río se había retirado. Este venía a nuestro encuentro alzándose y dejándose caer, adelantando la cabeza, alzando la espalda, la cabeza agachada, como un joven toro que hubiera bajado de los pastos y ante el paso del que todo se apartaba, los hombres y las cosas, los árboles y las casas. Nosotros seguíamos andando, él venía hacia nosotros, seguía viniendo contra nosotros; ya no estábamos muy lejos de su nacimiento. Bebíamos del barrilete.

Íbamos a casa de nuestro amigo M. Eso quedaba antes de llegar a Sierre, por encima de la región de viñedos, por debajo de la región de bosques, a un poco más de mil metros de altitud; es decir, bajo ese clima, a la altura de los últimos campos de trigo y de centeno, y también de los últimos vergeles. En todas partes, en la época de la cosecha, se podían ver esos campos como prendidos longitudinalmente con alfiles uno debajo del otro, como tiras de tela de cáñamo extendidas al sol para blanquearlas, pero que en lugar de blanquearse se tostaban cada vez más. M. vivía allí arriba en una casa que se había construido con sus propias manos, era cazador y, siendo cazador, era cocinero, un gran cocinero. Este viaje emprendido en común, emprendido a dos, terminó a tres, en un olor de risotto con morillas, bajo

las vigas bajas de un pequeño comedor enteramente reves-
tido de madera de alerce, orientado al pueblo, y por cuyas
diminutas ventanas entraba la luz. Me parece que desde allí
oí el carillón que tocaba el campanero del pueblo con los
codos, las manos, los pies, y creo que también con el cuello
y la nuca, desde el alto campanario de piedra gris: pero lo
que sobre todo permanece aún en mi recuerdo, con los últimos reflejos del sol en los nudos de la madera de las paredes
color de carne ajada, es el violento buqué de una botella
de Dôle[19] descorchada por M. en nuestro honor (una de
las últimas botellas de auténtica Dôle del Valais, de la que
no se sacaban más, según él, de quinientos litros en toda la
comarca). Al mismo tiempo, se sirvieron pollos de grano,
no menos genuinos, traídos de Icogne[20], el pueblo vecino,
donde, y como por azar, se había afincado un avicultor pro-
fesional que había hecho su aprendizaje en Bresse[21]. Los
pollos, a su vez, se confunden en mi recuerdo con otros platos como los puerros rellenos, verdura que M. ponía a blan-
quear en un montón de tierra que ocupaba gran parte de
la bodega. Recuerdo que la conversación giraba a la vez en
torno a la música y la cocina, a la música porque estábamos
comiendo; quiero decir que había quedado claro entre nosotros tres, de una vez para siempre, que la música y la cocina eran una misma cosa, y que se conseguía un plato como

---

[19] La Dôle es un maridaje de dos cepas de uva tinta, el Pinot Noir y el
Gamay.
[20] Icogne es una pequeña ciudad del cantón del Valais situada a 1.026
m. de altitud.
[21] El pollo o capón de Bresse es un producto de pollo francés con deno-
minación de origen controlada, criados en un área legalmente definida
de la región histórica y provincia antigua de Bresse, en Francia oriental.

se conseguía una pieza de orquesta o una sonata, exactamente por las mismas razones, con los mismos elementos. Las comidas en casa de M. empezaban generalmente con un moscatel del terruño servido en garrafa, pero cuyo precioso color diente de león nos conducía pronto a hablar de lo que uno de nosotros bautizó "metacocina": trato de conciliación, de hecho, fácil, entre lo que era del paladar y lo que era del oído (o de la vista); más generalmente y más profundamente, nuevo y decisivo intento de reconciliación entre el alma y el cuerpo. En el postre, se trajo cierta botella de coñac que databa del Segundo Imperio (quizás incluso del Primero, no me acuerdo bien) y que, al estar los tres de acuerdo, o casi, pareció poner punto final a nuestra discusión. Pero fue lo contario, la reabrió. Aquella botella que, por el simple hecho de estar cubierta de polvo, parecía estar destinada a aunar los votos de los *amateurs*, me pareció sospechosa. Me pareció representar el perfecto símbolo del academicismo, es decir, de una forma de arte que solo se presenta rodeada de todo tipo de garantías, entre ellas la etiqueta, la fecha y sobre todo la *pátina*. Me parecía que debía de llevarnos muy lejos de las famosas "materias brutas" de donde se extrae el verdadero arte. Íbamos a delectarnos, no de la cosa misma, sino de la delectación ajena; íbamos a delectarnos de aquella botella por el mero hecho de ser delectable. La delectación del autor, que es eminentemente activa, iba a ser sustituida, sin que lo sospecháramos, por la delectación pasiva, que es la del *amateur*. Y recuerdo en efecto haber hecho una reclamación a M. (quien me lo reprochó injustamente más tarde); le pedí que trajera, no sin razón, un buen aguardiente de orujo de la comarca, nuevecito, calentito, recién salido del alambique; ni siquiera uno de esos orujos artesanales, sino un buen orujo comercial, como el que fabrica la "gran máquina"[22], montada sobre ruedas y que va de pueblo en pueblo, a razón de centenares de litros por día. Solo la buena educación impedía a Stravinsky darme la razón. M., estaba claro, a falta de estética, defendía su coñac. El carrillón había dejado de sonar.

---

[22] La "gran máquina" era un gran alambique ambulante que iba de pueblo en pueblo vendiendo orujo.

IX

Ya no recibo cartas suyas. Me escribe usted desde Can-debec-sur-Mer[23] en 1921: *"¿Qué tal se encuentra usted? Yo, me encuentro bastante mal y solamente algunas veces bien, −nunca se sabe por qué; pero, lo que sé, es que el número de días en los que estoy bien es bastante reducido ... No puedo decir que me gusta muchísimo la Bre-taña (como me gustaba la campiña de Vaud). En primer lugar, siempre hace mal tiempo; luego, en lo que me concierne, no encuentro el lugar para nada francés ... Ciertamente, los campesinos son bastante buenas personas, pero los campesinos son buenas personas en todas partes ... Lo pintoresco me aburre y la gente da sus paseos por este pueblo de marineros; −aquí vienen los pequeños burgueses convencionales que no tienen medios suficientes para ir a Deauville. Nada divertido: gente que empieza a canturrear cuando nos acostamos (paseándose bajo nuestras ventanas), y más alto de lo necesario al estar en la calle, pero es porque piensan que las vacaciones justifican la desenvoltura. Apenas duermo y compongo música."*

Desde Biarritz, en 1923: *"Para mí también, hay días en que todo va bien y todo me agrada, incluso la lluvia más siniestra; otros días, solo busco la ocasión de llamar a las puertas, y de insultar a la gente, sobre todo a los conductores de tranvías y los empleados de co-rreos que son verdaderamente gente muy mala ... Usted sabe que voy a instalarme aquí y mandar traer mis muebles. No puedo vivir ni hacer un trabajo fructífero en París; para mí es un axioma ..."*

---

[23] Nota de Stravinsky: "Nunca viví en Candehec-sur-Mer y por lo tanto nunca he podido escribirle desde ese lugar, incluso no se encuentra en el Larousse. Sin embargo, sí aparece Carantec y me pregunto si no sería de allí de dónde recibió usted mi carta (en 1920 y no en 1921) ... Qui-zás haya algunas inexactitudes más, pero no es necesario hablar de ello. Constato, no sin cierta tristeza, que nací ligeramente perezoso ..."

Desde París, en 1925 o 1926: *"Aquí, por la noche, voy a veces a los "Ballets rusos", a veces a la "Cigale" ... Se ven allí a burgueses bonachones escuchando* La educación fallida, *ópera cómica de Chabrier, creyendo oír la* Consagración de la primavera. *Es como para echarse a reír; sí, pero a la larga, uno acaba asqueado y corre fácilmente el riego de volverse pesimista, lo que más me aterra en el mundo ..."*

Hoy se encuentra usted en Niza; queda lejos de aquí. Y, sin embargo, al emigrar de la costa atlántica, donde primero fijó su residencia, a la costa mediterránea, está usted más cerca de nosotros. No olvido que, estando usted allí, es como si estuviera usted casi de vuelta a orillas del Ródano ya que sus aguas se dirigen hacia el mismo mar que usted está mirando. Voy a enrollar este manuscrito; lo introduciré dentro de una botella. Taparé la botella cuidadosamente. Cubriré el tapón con una gruesa capa de cera para que sea completamente estanco; alquilaré un barquito en el puerto de Ouchy[24]. ¿Se acuerda usted del puerto de Ouchy? Es un pequeño puerto muy bonito con dos o tres casitas en bastante mal estado, pero encantadoras, y que, entre tantos hoteles gigantes tristemente nuevos, siguen siendo, afortunadamente, fieles a cierta tradición "marítima" que era la de la comarca cuando el lago era aún una especie de pequeño mar, con una flota mercante. La planta baja la ocupan cafés con pequeñas terrazas rodeadas de adelfas (a menudo blancas) y, en la primera planta, una o dos de ellas, tienen un comedor con balcón, donde, recuerdo, cenamos varias veces. Alquilaré pues a Perrin uno de sus barcos, la botella metida en uno de mis bolsillos; solo tendré que adentrarme remando en las aguas, hasta donde se dice que la corriente del

---

[24] Barrio de Ginebra a orillas del lago Lemán.

Ródano, que no se nota en otros sitios, empieza de nuevo a sentirse. Echaré la botella al agua. La corriente se la llevará lentamente. Pasará sin dificultad bajo las presas ginebrinas que en esta época estarán levantadas; se encontrará con el Arve que, río abajo, viene a coser su reborde blanco a la cinta azul del río. Seguirá yendo por ese ancho torrente de dos colores hasta hundirse luego bajo tierra por un agujero de donde espero saldrá por la fuerza misma del elemento. Hay cuatro elementos: el agua, el aire, la tierra, el fuego; he elegido el primero por ser el más dócil con el hombre y, en mi caso, más útil, al mismo tiempo que el más seguro. Fíjese que esta agua corre hacia usted: Lyon, Tournon, rocas, viñas: mi mensaje, dirigiéndose hacia usted, no se sentirá desorientado, el agua no habrá cambiado, tampoco el aire, tampoco la tierra, ni sus producciones. Y luego Aviñón. Y luego Arlés. Que desde allí vaya por el "Gran Ródano"[25], ya que este es el brazo del río más cercano a usted. Que mi mensaje pase no muy lejos de Les-Saintes-Marics[26], que un buen viento lo empuje hasta el Estanque[27] donde está Cézanne (seguimos sin sentirnos desorientados). Que siga un poco más su camino; y si no es usted quien se lo encuentra en alta mar, será al menos alguno de sus hijos mayores, un día que vayan a bañarse; se lo entregarán[28].

---

[25] A la altura de Arlés, el río Ródano de divide en dos brazos: el Gran Ródano, hacia el este y el Pequeño Ródano al oeste. Entre ellos se forma el extenso delta de la Camarga.

[26] Les-Saintes-Maries-de-la -Mer es una pequeña localidad francesa del departamento de Bocas del Ródano.

[27] L'Estanque (El Estanque) es un pueblo marítimo con encanto en el golfo de Marsella que Cézanne pintó en muchos de sus cuadros.

[28] Nota de Stravinsky: "Su botella me ha sido entregada y destapada, en efecto, por mis "hijos mayores" como usted lo presagió."

Nuestra editorial le quedará muy reconocida
si le hace llegar su opinión de este libro
que le ofrecemos, así como de su
presentación e impresión.
Cualquier otra sugerencia será también bienvenida.

Muñoz Moya Editores
Sarrión (Teruel)
editorial@mmoya.eu